掌尚文化

Culture is Future

尚文化·掌天下

DEVELOPMENT OF WESTERN CHINA
AND ITS FINANCIAL SUPPORT

A Perspective
of the First Phase of China's Great
Western Development Program

于建忠　黄希韦——著

西部地区发展与金融支持

以西部大开发第一阶段为视角

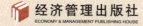

经济管理出版社

ECONOMY & MANAGEMENT PUBLISHING HOUSE

图书在版编目（CIP）数据

西部地区发展与金融支持：以西部大开发第一阶段为视角/于建忠，黄希韦著 .
—北京：经济管理出版社，2023.9
ISBN 978-7-5096-9310-0

Ⅰ.①西…　Ⅱ.①于…②黄…　Ⅲ.①区域经济发展—金融支持—研究—西北地区
②区域经济发展—金融支持—研究—西南地区　Ⅳ.①F127 ②F832.7

中国国家版本馆 CIP 数据核字（2023）第 189272 号

组稿编辑：宋　娜
责任编辑：宋　娜
责任印制：黄章平
责任校对：张晓燕

出版发行：经济管理出版社
　　　　　（北京市海淀区北蜂窝 8 号中雅大厦 A 座 11 层　100038）
网　　　址：www.E-mp.com.cn
电　　　话：（010）51915602
印　　　刷：唐山昊达印刷有限公司
经　　　销：新华书店
开　　　本：720mm×1000mm/16
印　　　张：9
字　　　数：143 千字
版　　　次：2024 年 1 月第 1 版　　2024 年 1 月第 1 次印刷
书　　　号：ISBN 978-7-5096-9310-0
定　　　价：98.00 元

序　言

习近平总书记在党的二十大报告中指出，要深入实施区域协调发展战略。区域协调发展战略是"十四五"时期的一项重要国家战略，随着我国经济从高速增长步入高质量发展阶段，优化区域经济布局，促进区域协调发展，是新发展格局下促进内循环和实现可持续高质量发展的重要路径。金融是实体经济的血脉，在构建新发展格局、支持区域经济协调发展战略中不可或缺。当前，我国区域经济发展不平衡不充分的问题依然存在，如何通过有效的政策导向，进一步发挥金融促进区域协调发展的重要作用，是当前需要研究的一大课题。本书以西部大开发第一阶段为视角，探索金融促进区域协调发展的路径。

我国自 2000 年开始实施西部大开发战略以来，西部地区的基础设施、生态环境、经济与社会发展，以及民生改善均取得了巨大的进步，与东部地区的差距得到了显著缩小。但东部地区和西部地区金融资源空间配置不平衡的矛盾依然突出，资金约束依然是制约西部地区发展的"瓶颈"问题。本书以西部大开发第一阶段为视角，通过定量分析和实证研究，发现西部地区金融发展较为落后，资本形成不足且收入低下。一方面，落后的实体经济导致西部地区收入低下，难以吸引金融资源；另一方面，落后的实体经济对金融服务的需求不高，金融对实体经济的发展仅是被动跟随，现代金融在配置资源、风险管理、监督企业、传递信息等方面的多种功能未能充分发挥。因此，本书提出，西部地区的发展不仅仅在于是否能筹集到足够的资金，更在于发挥金融引导、承载、推动、优化资源配置格局的机制作用，使西部地区实现实体经济和金融经济良性互动的自组织机制。

本书认为，西部地区需要高质量的金融制度顶层设计，以充分发挥金融引导资源配置、优化经济结构、促进经济体制机制转型的功能。要达到这一目的，西部地区的地方政府要立足于建立适应自身的金融制度，完善自我"造血"机制；中央层面则要出台更多的支持西部地区发展的金融政策，创造良好的金融制度环境。《中共中央 国务院关于建立更加有效的区域协调发展新机制的意见》要求"加强中央对区域协调发展新机制的顶层设计，明确地方政府的实施主体责任，充分调动地方按照区域协调发展新机制推动本地区协调发展的主动性和积极性。"对于金融领域来说，在国家层面上，金融政策和手段应保持统一，同时各地区应因地制宜，结合本地区的实际条件，促进建立适应本地特色的区域金融协同发展格局；在微观主体层面上，金融机构特别是全国性金融机构应进一步优化和平衡本机构的金融资源空间布局，有意识地向西部等欠发达地区倾斜，寻求本机构分散风险和可持续发展的有效路径，以金融力量积极服务国家区域发展战略。

我国区域经济发展不平衡不充分将是一个长期存在的动态问题，需要接续研究更加有效的金融支持区域协调发展的新机制。本书的实证分析、理论推导和政策建议虽然立足于西部地区，但对于东部地区以外的其他欠发达地区的经济和金融发展，如东北全面振兴和中部加速崛起，同样具有借鉴意义。

目 录
Contents

第一章　引言

西部大开发的新格局，应该是大保护、大开放、高质量发展的新格局。实施西部大开发多年来，在国家政策的有力支持下，西部各个省、自治区、直辖市的基础设施建设和生态环境改善取得了长足进展，固定资产投资保持高速增长的势头，特色农业、能源建设、旅游、中医药等产业迅速崛起。但是，西部地区发展不平衡不充分的问题依然突出，工业化、城镇化推进缓慢，工业竞争力不强，"三农"问题突出，西部地区的长远发展缺乏强有力的产业支撑，西部地区与东部地区之间的经济差距仍在拉大。资金约束仍然是西部大开发面临的"瓶颈"。如何筹措开发资金、弥补资金缺口并提高资金的使用效率是西部大开发得以持续推动的关键。

对金融发展的总体分析表明，我国各地区金融发展与经济增长是强相关关系，金融发展有利于稳定、快速、有质量的经济增长，金融发展差距可以部分地解释经济增长的差距。我国金融发展呈现明显的"高增长、低效率"特征，但在整个改革过程中，金融市场多是被动地适应西部大开发融资的需要，未能充分发挥现代金融在配置资源、风险管理、监督企业、传递信息等方面的功能。由于地区投资收益的差别，经济发达的东部地区的贷款收益率比西部高，客观上导致了西部地区的资金"倒虹吸"到东部地区，因此使西部地区经济雪上加霜。严峻的现实要求国家在增大中央财政转移支付的同时，要出台更多的支持西部大开发的金融政策，创造良好的金融环境，充分发挥金融的筹资融资、调节经济和资源配置功能，从而支持西部经济开发。因此，持续、深入研究西部大开发中的融资渠道问题具有重要的现实意义。

区域开发离不开资本的支持，而资本的形成首先表现为资金的获得。西部的相对落后性使其陷入纳克斯"贫困陷阱"——资本形成不足和收入低下的恶性互动，使西部大开发存在严重的资金瓶颈。资金的来源包括财政和金融两种渠道，西部大开发以来，尽管中央财政支持西部地区的比重不断提高，但在总量上还存在很大的缺口。在我国区域经济发展逐步由财政主导型转为金融主导型的时期，西部大开发中的资本形成就不再像过去那样主要依赖于财政投入，而逐步向更多地依赖于金融支持的状况过渡。然而，在市场经济条件下，资本遵循的是"逐利避险"原则，如何在投资环境有待进一步优化的时期筹集到大量资金，是西部大开发得以高质量推进的关键；西部大开发是否成功，不仅在于是否能筹集到足够的资金，而且是通过金融手段，使投资于西部的资金具有较高的资本回报率，最终形成实体经济和金融经济良性互动机制。要在特定的背景条件下，成功实施西部大开发，需要解决以下一系列问题：

其一，开发主体。广义来看，西部大开发中既有按市场原则自愿参与的微观市场主体，也有按非市场原则参与开发的国家等行政主体。在整个开发的过程中，哪个开发主体处于主导地位？主体的主导地位是否存在规律性？只有搞清楚开发主体及其内在规律性，才可能高质量地推进开发。

其二，金融与财政的关系。西部大开发的资金来源有两个渠道：财政渠道和金融渠道。西部大开发要以高质量推进，财政渠道的资金必不可少，但财政渠道也有其局限性，所以西部大开发还必须协调好资金来源，即金融渠道与财政渠道的关系。进一步看，在市场化改革的趋向下，必然存在金融渠道对财政渠道加速替代的一般规律。深刻理解西部大开发中两种资金来源的性质和特点对于西部大开发的可持续性推进意义重大。

其三，西部金融经济与实体经济的关系。西部地区相对落后的特质使西部地区实体经济与金融经济陷入恶性循环之中。一方面，落后的实体经济使其收入低下，缺乏金融资源的供给；另一方面，落后的实体经济不会对金融服务提出较大的需求。如果将金融仅理解为实体经济的产物，金融仅对实体经济具有跟进作用，那么，西部地区经济很难走出恶性循环。要打破这种恶性循环，就必须充分发挥金融对西部经济的调整和引领作用。因此，要在理论上进一步探明西部金融超前发展的必要性和规律性。

本书的研究旨在厘清以上问题，澄清西部大开发中容易让人混淆的几对关系：

其一，政府与市场的关系。在特定的历史条件下所进行的西部大开发，能否还走"政府始终是开发主导者"的老路？西部地区在争取中央支持的同时，要引入、培养市场机制，否则开发就不具有可持续性。

其二，"输血"和"造血"的关系。西部地区的地方政府要识大局，一方面是争取优惠政策，建立自己的金融市场；另一方面是模仿东南沿海地区的做法，对现有的金融政策进行适度演绎，先创新应用，然后争取更加明朗的政策。总之，西部大开发不能对政府资金"等、靠、要"，而是要立足于建立适应西部地区的金融制度，完善自我"造血"机制。

其三，"主动"和"被动"关系。从本质来看，本书强调的不仅是金融与经济的协调发展，也不是金融对经济的被动适应，而是金融作为调整资源配置、优化经济结构、实施经济体制转换的工具，要超前发展的问题，金融要发挥主动作用，当然，这种"超前"和"主动"的保证是政府的理性支持和调控。

只有把以上问题搞清楚了，才能制定出正确的协调战略，才能进一步找到西部大开发的关键点，才能确立政府和市场在西部大开发中的应有位置，才能找到正确的协调手段。

本书在结构上分为七个部分。第一章为引言。第二章为西部大开发战略与金融发展，本章梳理和归纳我国西部大开发的历史背景，探讨了金融发展在经济发展中的重要作用，进而分析了在我国西部大开发的历史背景下，金融建设与融资渠道对于西部地区发展所起的关键作用。第三章为金融产业促进西部经济发展的传承机制，本章在第二章的基础上，着重分析了金融产业促进西部地区经济发展的传导机制，指出金融发展对于经济发展的三大促进作用，并分别针对西部地区金融与经济发展水平的协调性进行了实证研究，结果一致证实二者之间存在显著的正相关性。第四章为西部金融产业发展的现状及成因，立足于西部金融市场发展的现状，在深入剖析现有金融市场落后现实的基础上，对造成西部金融业发展落后的抑制因素进行了梳理，并对其浅层次发展的成因进行了归纳总结。第五章为西部资金渠道建设与政府角色定位，从一个更加微观的视角——资金渠道入手，简要介绍了西部地区现有融资渠道的状况及其存在的问题，并由此引出了一个十分重要的问题，即政府在资金渠道建设中的作用与定位。第六章为金融支持与资金渠道建设的国际经验借鉴。在明确了政府定位的前提下，针对国际区域经济发展中在资金渠道建设方面的成功经验进行了分类总结，对其共同点进行了梳理与归纳。第七章为西部金融发展中资金约束及应对措施，对在经济发展过程中可能存在的资金缺口进行预测，进而针对急需解决的资金渠道问题给出了操作层面与战略层面的相关政策建议。

本书认为，西部大开发金融支持的关键是中央金融政策的引导、带动和促进西部地区资金的融通和聚集。建议国家政策银行进一步加大对西部大开发的贷款支持力度，主要支持西部地区的产业结构调整、农业开发和生态保护；国家成立西部开发银行，作为西部开发的专业银行，为西部投资者提供低息贷款和无息贷款，由银行承担贷款风险，国家提供利息补贴；世界银行等国际金融机构对西部提供普及教育、医疗、卫生等社会发展项目的软贷款，中央政府应适当放宽提供担保的条件，简化审批手续；在资金利税率低、银行贷差较大的西部地区，可设置有一定浮动贷款差别利率，或者通过财政贴息，支持西部企业的间接融资；积极争取国际多边和双边融资对西部大开发的支持。以此为西部大开发提供及时有效的资金支持，促进西部资本积累和资金良性循环。

本书提出要适当扩大西部地区政府的自主调控权，加大西部经济发展的金融支持力度。建议在中央宏观调控下，可以考虑赋予西部地区较大的融资权，赋予西部新型投融资方式的决策权，使某些经济调控权在一定程度上实现"区域化"，充分发挥地方政府的积极性和主动性。

由于本书所涉及的理论较多，在写作过程中，或直接或间接、或多或少、或深或浅地借鉴了前人的理论成果。本书的研究范畴具有增长经济学、区域经济学、发展经济学和金融经济学等多元叠加的特征。其理论依托包括新增长理论、新制度经济理论、不平衡发展理论、经济发展阶段论、增长极理论、区域分工理论、金融发展理论等。

第二章　西部大开发战略与金融发展

第一节　西部大开发战略及其历史意义

西部地区的经济发展一直以来是党中央十分关注的重大问题之一，是党和国家在世纪之交做出的一项重大战略决策。从 2000 年实施西部大开发战略以来，西部地区经济得到了较快发展，但与东部地区仍然存在较大的差距，制约经济发展的因素仍然较多，特别是资金约束问题比较严重。在新的宏观形势和区域格局下，应进一步提高对西部大开发重大战略意义的认识，认真研究并深刻把握西部大开发工作的规律性，充分调动各方面的积极性，开创西部大开发的新局面。

一、关于西部地区的地域范围[①]

科学地划分西部地区的地域范围，不仅是国家实施西部大开发战略的前提条件，也是各地方政府和投资者采取相应策略的重要基础。在"七五"计划时期，中华人民共和国国家计划委员会按照离海岸线的远近和经济发展水平指标，将全国划分为东部、中部和西部三大地带。其中，东部地区包括辽宁、河北、北京、天津、山东、江苏、上海、浙江、福建、广

---

① 王洛林，魏后凯. 未来 50 年中国西部大开发战略［M］. 北京：北京出版社，2002.

东、广西和海南 12 个省、市、自治区；中部地区包括黑龙江、吉林、内蒙古、山西、河南、安徽、湖北、湖南、江西 9 个省、自治区；西部地区包括陕西、甘肃、宁夏、青海、新疆、四川（含重庆）、云南、贵州和西藏 9 个省、市、自治区（加上直辖市重庆，现有 10 个省、市、自治区）。

在国内学术界，长期流行着大西部的概念。这里所指的大西部，包括西部、西北以及广西和内蒙古，共计 12 个省、市、自治区。由于广西和内蒙古属于少数民族地区，经济和社会发展水平较低，并在地理位置上邻近西部地区和西北地区，历史上与西部地区和西北地区有着广泛而密切的联系，其区域经济和社会文化特点也具有很大的相似性，因此将这两个自治区包括在西部地区之内，享受国家实施西部大开发的政策是完全必要的。国务院西部地区开发领导小组办公室已经明确把广西和内蒙古同时纳入西部大开发的地域范围，由此形成了大西部、大开发的战略格局。本书中的西部地区主要是指包括广西和内蒙古在内的大西部地区。

二、实施西部大开发战略的出发点

由于受自然、历史和政策等多方面因素的影响，我国的经济社会发展水平客观上存在由东部向西部逐渐递减的格局。要顺利实施西部大开发战略，就必须高度重视东部、中部、西部三大地带之间的协调发展。

如何协调东部、中部、西部三大地区之间的关系，是我国社会主义现代化建设进程中的重大课题之一。西部大开发战略不是单个区域的发展战略，而是涉及整个国家的全局性发展战略。推动西部大开发，协调好西部地区和其他地区之间的关系，促进各个地区的共同繁荣，是西部大开发战略的核心内容之一。在 20 世纪 50 年代，我国政府就强调要处理好沿海工业和内地工业的关系，我国实行改革开放政策之后，邓小平同志提出了"两个大局"的战略构想，明确指出："沿海地区要加快对外开放，使这个拥有两亿人口的广大地带较快地发展起来，从而带动内地更好地发展，这是一个事关大局的问题。内地要顾全这个大局。反过来，发展到一定时候，又要求沿海拿出更多力量来帮助内地发展，这也是个大局。那时沿海也要服从这个大局。"①

中华人民共和国成立以来,东部、中部、西部地区经济发展和区域布局大体经历了四个发展阶段:

第一个阶段是从 20 世纪 50 年代初至 70 年代末,出于当时国际形势和拓展我国工业布局的需要,基本按照沿海与内地进行建设。随后把全国划分为一、二、三线展开布局,国家实行计划经济体制调动资源,对中部、西部地区重点进行了大规模的开发建设,基本奠定了这些地区的工业基础。

第二个阶段是 20 世纪 80 年代初到 90 年代中期,按东部、中部、西部三大地区的划分,利用东部沿海地区的区位优势和对外开放的有利条件,向东部沿海地区实行投资和政策倾斜,并由东部逐步向中部、西部梯度推进展开经济布局。1978 年后,国家开始对东部地区的产权制度进行改革,迅速发展非公有制经济,并在这些地区率先实现对外开放。事实证明,这种制度安排比纯粹的资金投入(金融支持)的影响更为深远。东部地区利用优惠的政策支持和有利的市场环境,迅速积累资金,大胆突破制度约束,吸引了国内外的资金、人才、产业等要素,经济得到迅速发展。

与东部地区迅速发展的情形相反,西部地区由于中央政府的投入相对较少,特别是资金倾斜政策的缩减,导致西部地区与东部地区的经济差距越来越大,地区发展不平衡。表 2-1 显示了改革开放以来东部地区与西部地区经济总量(GDP)的重大变化,可以看出,在改革开放初期,东部、中部、西部的区域差距并不太大,但随着改革开放的深入,差距逐步被拉大。

表 2-1　全国三大地区 GDP 总量比较　　　　　单位:%

地区 \ 年份	1978	1985	1992	1997	2000
东部	51.2	51.9	55.2	55.5	57.3
中部	29.6	29.7	26.5	26.7	25.6
西部	19.2	18.4	18.3	17.8	17.1

资料来源:笔者根据《新中国五十年统计资料汇编》相关数据计算。

---

① 《邓小平文选》第三卷 [M]. 北京:人民出版社,1993.

　　第三个阶段是从 20 世纪 90 年代中期起，在"九五"计划时期，开始重视区域经济协调发展战略，将"坚持区域经济协调发展，逐步缩小地区发展差距"作为国民经济和社会发展的基本指导方针，采取了一系列促进中西部地区开发建设的政策措施，促进了我国区域经济布局的新发展。

　　第四个阶段是 20 世纪末。2000 年 3 月以后，西部地区进入了又一个中央支持发展的大好时期。国家在政策扶持、资金投入、项目安排、人员交流等方面加大了对西部地区的支持力度。公开资料显示，截至 2005 年底，全国累计新开工西部开发重点工程 70 项，投资总规模约 1 万亿元，中央累计投入财政性建设资金 5500 亿元、财政转移支付 7500 亿元、长期建设国债资金 3100 亿元。经过 5 年的投资和支持，西部地区经济迅速发展。2000—2004 年，西部地区生产总值（加总数）分别增长了 8.5%、8.8%、10.0%、11.2% 和 12.7%，年均增长 10.2%，同全国同口径地区生产总值增速的差距由"八五"时期的 2.8 个百分点和"九五"时期的 1.3 个百分点缩小到 0.7 个百分点。2000—2005 年，西部地区 GDP 总值平均占全国 GDP 的 18.9%，西部地区的 GDP 增长率也比全国 GDP 增长率高 2 个百分点（见表 2-2 和表 2-3）。

表 2-2　2000—2005 年西部地区 GDP 总值状况　　单位：亿元

年份 地区	2000	2001	2002	2003	2004	2005
重庆	1589.3	1749.8	1971.3	2250.6	2691.5	3069.1
四川	4010.3	4421.8	4875.1	5456.3	6379.6	7385.1
贵州	993.5	1084.9	1185.0	1356.1	1677.8	1942.0
云南	1955.1	2074.7	2232.3	2465.3	3081.9	3472.3
西藏	117.5	138.7	161.4	184.5	220.3	250.6
陕西	1660.9	1844.3	2036.0	2398.6	3175.6	3674.8
甘肃	983.4	1072.5	1161.4	1304.6	1688.5	1928.1
青海	263.6	301.0	341.1	390.2	466.1	543.2

续表

年份 地区	2000	2001	2002	2003	2004	2005
宁夏	265.6	298.4	329.3	385.3	537.1	599.4
新疆	1364.4	1485.5	1598.3	1877.6	2248.8	2639.6
内蒙古	1401.0	1545.8	1734.3	2150.4	3020.0	3822.8
广西	2050.1	2231.2	2455.4	2735.1	3433.5	4063.3

资料来源:《中国统计年鉴》各年及 2005 年地方统计公报。

表 2-3　2000—2005 年西部地区 GDP 增长率　　　　单位:%

年份 地区	2000	2001	2002	2003	2004	2005
重庆	8.5	9.0	10.3	11.4	12.2	11.5
四川	9.0	9.2	10.6	11.8	12.7	12.6
贵州	8.7	8.8	9.1	10.1	11.4	11.5
云南	7.1	6.5	8.2	8.6	10.8	9.0
西藏	9.4	12.8	12.9	12.1	12.3	12.2
陕西	9.0	9.1	9.7	10.9	12.9	12.6
甘肃	8.7	9.4	9.4	10.1	11.0	11.7
青海	9.0	12.0	12.4	12.1	12.3	12.2
宁夏	9.8	10.1	10.2	12.2	11.0	10.3
新疆	8.2	8.1	8.1	10.8	11.1	10.9
内蒙古	9.7	9.6	12.1	16.3	19.4	21.6
广西	7.3	8.2	10.5	10.2	11.8	12.7
西部平均值	8.7	9.4	10.3	11.4	12.4	12.4
全国	8.0	7.5	8.3	9.5	9.5	10.4

资料来源:《中国统计年鉴》各年及 2005 年地方统计公报。

与此同时，西部地区人民生活水平得到了明显改善。2005 年，西部地区城镇居民人均可支配收入和农村居民人均纯收入分别为 8700.1 元和 2357 元，分别比 1999 年提高了 42% 和 32%（部分数据见表 2-4）。

表 2-4　2000—2005 年西部地区城镇居民可支配收入

单位：元/人

地区 \ 年份	2000	2001	2002	2003	2004	2005
重庆	6276.0	6721.1	7238.0	8093.7	9221.0	10243.5
四川	5894.3	6360.5	6610.8	7041.9	7709.9	8386.0
贵州	5122.2	5451.9	5944.1	6569.2	7322.0	8151.1
云南	6324.6	6797.7	7240.6	7643.1	8870.9	9265.9
西藏	7426.3	7869.2	8079.1	8765.5	9106.0	9431.2
陕西	5124.2	5483.7	6330.8	6806.4	7492.5	8272.0
甘肃	4916.3	5382.9	6151.4	6657.2	7376.7	8086.8
青海	5170.0	5853.7	6170.5	6745.3	7319.7	8057.9
宁夏	4912.4	5544.2	6067.4	6530.5	7217.9	8093.6
新疆	5644.9	6395.0	6899.6	7173.5	7503.4	7990.2
内蒙古	5129.1	5535.9	6051.0	7012.9	8123.1	9136.8
广西	5834.4	6665.7	7315.3	7785.0	8690.0	9286.7
西部平均	5647.9	6171.8	6674.9	7235.4	7996.1	8700.1
全国平均	6280.0	6859.6	7702.8	8472.2	9421.6	10494.0

资料来源：《中国统计年鉴》各年及 2005 年地方统计公报。

总之，实施西部大开发战略以来，国家投入带动了社会投入，促进了西部地区经济的快速发展。各地区、各部门特别是西部地区广大干部群众认真贯彻中共中央、国务院关于西部大开发的方针政策和部署，做了大量工作，付出了艰辛努力。西部大开发各方面工作取得重要进展，西部城乡面貌有了很大变化。①

三、西部大开发概念的再剖析

中国西部地区作为众多少数民族的聚集地，有着丰厚的文化底蕴，但同时社会经济发展水平较低。实施西部大开发具有以下三方面的特定含义②：

1. 西部大开发是一个再开发的概念

自中华人民共和国成立以来，我国政府曾组织开展了两次较大规模的西部开发。第一次是在"一五"计划时期，第二次是在"三线建设"时期。尤其是在"三线建设"时期，国家在大西部地区投入了上千亿元的资金，建成了一大批新兴工业基地、国有大中型企业和科研单位，由此奠定了西部地区工业化的基础。经过 50 多年的发展，西部地区已经具有较好的经济基础，综合经济实力也大为增强，人民生活水平明显提高。因此，这次提出的西部大开发，并非是一般意义上的"西部开发"概念，而是"西部再开发"。

2. 西部大开发是一个重点突出的全面开发的概念

实施西部大开发，绝不能简单地理解为种树种草和基础设施建设。任何一个地区的开发都应该是一个全面的和综合的开发，中央提出的西部大开发也是如此。它具有十分广泛的内涵，不仅包括生态环境保护和基础设施建设，而且包括经济、社会、科技和教育的全面发展。在此过程中，经济建设又是重中之重。在西部大开发中，经济开发对于其他领域的开发建设具有举足轻重的特殊地位。在实施西部大开发的过程中必须具有全局的观念和综合的观念，必须采取一些综合性的政策措施，以经济开发为先

---

① 引自《人民日报》2005 年 2 月 5 日温家宝总理题为《开拓创新　扎实工作　不断开创西部大开发的新局面》的讲话。

② 王洛林，魏后凯. 未来 50 年中国西部大开发战略［M］. 北京：北京出版社，2002.

导，加快对西部地区的全面综合开发，从而最终实现西部现代化的长远目标。

3. 西部大开发是一个长期开发的概念

西部大开发是一项长期而又十分艰巨的任务，是一项跨世纪的巨大系统工程。从西部地区的发展现状来看，西部地区要基本实现全面现代化的目标，逐步缩小与东部地区之间的发展差距，将不是一两个五年计划或者十年规划就能够达到的，它至少需要四五十年甚至上百年。当前，中央已确定从生态环境保护和基础设施建设入手，加快西部地区开发的进程。事实上，加强生态环境保护和基础设施建设，这仅仅是西部大开发的前奏和基础。从西部地区的长远发展来看，实施西部大开发，关键是要加快工业化和城镇化的步伐，依靠科技和制度创新，推动地区产业结构优化升级，促进地区经济的振兴和繁荣。

第二节　金融发展对经济增长的推动效应

一、金融发展理论综述

自 20 世纪 60 年代金融发展理论诞生以来，国内外对金融发展内涵的理解一直存在差异。最早介入金融发展研究领域的戈德史密斯在 1969 年出版的《金融结构与金融发展》一书中指出：“金融发展是金融结构的变化。”在他看来，“不同类型的金融工具与金融机构的存在、性质，以及相对规模就体现了一国的金融结构”，因而一国金融发展的程度可以通过以下几个结构性指标来体现和衡量：①金融相关比率，即金融资产总值与国民财富之比，反映的是金融资产总额与有形资产总额的关系；②所有金融机构的资产在全部金融资产中所占份额，用以衡量一国金融结构的机构化程度；③金融中介机构的资产在全部金融资产中所占份额，以及在主要金融工具中所占份额，体现的是不同类型金融机构的相对重要性；④各经济部门和子部门的资产在金融资产中所占份额，以及在各类金融工具中具有的份额，借以了解不同金融工具在国民经济中的普及程度和各经济部门对各种金融工具的偏好。

戈德史密斯在《金融结构与金融发展》一书中所作的关于金融结构与金融发展问题的实证研究，奠定了金融发展与经济增长理论的基础，从而为金融研究开辟了一个崭新的领域。由于戈德史密斯将金融结构的基本内涵理解为金融工具（金融资产）和金融机构，得出结论是：金融工具和金融机构以及它们的组合种类越多、分布越广、规模越大，即金融结构越复杂，金融发展程度越高，经济则越发展。显然，这一逻辑演绎并不必然成立。因为，金融发展固然必须以一定数量的金融资产、金融工具和金融机构为基础，但不能唯一地靠增加金融资产和金融机构数量这一单方面表现来实现，如果仅有数量的增加而没有对实体经济效率的增进，仍然不能得到发展的或深化型的金融。对此，戈德史密斯在分析英国、美国、德国、日本等同为经济发达国家但金融相关比率却存在明显差异的现象时，也不得不承认："即使在长时期内，实际国民生产总值增长率与金融相关比率增长率之间也无密切的相互联系，但不能否认两者之值有正向关联。"因此，戈德史密斯单纯以金融资产和金融机构的数量增长为内容的金融发展观具有明显的片面性和狭隘性。

在戈德史密斯之后，麦金农（1988）和爱德华·肖（1988）两位经济学家将金融学与发展经济学相结合，分别在各自的著作——《经济发展中的货币与资本》和《经济发展中的金融深化》中，提出了发展中国家经济发展过程中的"金融抑制论"和"金融深化论"，将金融与发展理论从制度和政策角度作了进一步演绎。在麦金农和爱德华·肖的金融与发展理论中，贯穿始终的主导思想是：金融制度和政策同经济增长与发展之间存在相互促进或相互促退的密切联系。健全有效的金融制度和政策，能够充分动员社会储蓄资金并优化其配置，促进经济增长和发展。反过来，有效的经济增长与发展会通过国民收入的提高以及经济活动参与者对金融服务需求的增长来促进金融的发展，从而形成相互促进的良性循环。

随着我国经济从计划体制时代的财政主导型向市场化经济时代的金融主导型的转变，金融对于国民经济发展的重要性越来越为人们所认识，越来越多的国内学者开始聚焦金融与经济发展问题的研究，相应地，对金融发展的本质和内涵的理解也逐渐趋于成熟。例如，白钦先（2005）认为："从现代的发展观来看，金融发展不仅意味着经济中的金融资产和金融机构等金融结构诸要素的增长，还包括随之出现的金融体制的变迁，以及金融活动与变化中的一般社会经济金融环境相适应程度的提高。"① 他进一步将体现上述思想的"新的金融发展观"总结为"金融可持续发展"，并指出"所谓的金融可持续发展，就是在遵循金融发展内在客观规律的前提下，建立和健全金融体制，发展和完善金融机制，提高和改善金融效率，合理有效地动员和配置金融资源，从而达到经济和金融在长期内有效运行和稳健发展。"如同经济增长不等同于经济发展一样，金融增长也并不必然意味着金融发展，"金融增长表现为金融资产规模与金融机构数量的扩张。金融发展不单指金融资产规模与金融机构数量上的扩张，更主要的是金融效率的提高，体现为金融对经济发展需要的满足程度和贡献作用"。吴先满（1994）的《中国金融发展论》则是在对曾经出现过的各种金融发展理论进行梳理的基础上，结合中国实际"把金融发展分解为四个组成部分，即金融资产增长、金融机构发展、金融市场成长和金融体系开放"，并认为金融发展就是以上四个方面综合形成的动态变化过程。

在充分吸取、借鉴上述研究成果的基础上，本书将金融发展定义为：金融资源数量扩张与金融效率提高并重的过程，前者具体表现为金融资产（金融工具）和金融机构数量的增长，而后者则体现为金融体系自身运行效率的提高和金融对实体经济运行效率的促进。

二、金融发展推动经济增长的实现路径

金融发展对于经济增长的重要性，经济学家们持有不同的见解。Hicks（1969）认为，金融发展在英国工业革命进程中起了关键作用，它大大地方便了大型工业项目所需的资本流动。Schumpeter（1912）则声

---

① 白钦先. 金融结构、金融功能演进与金融发展理论的研究历程［J］. 经济评论，2005（3）.

称，具有良好功能的银行系统通过辨别并提供资金给最有可能成功实施创新产品和生产过程的企业家，从而加速了技术创新。可见，经济发展产生了对特殊金融安排的需求，而金融系统恰好满足了这种需求。大量的理论推演与经验实证都显示出金融发展与经济增长之间存在正相关关系，人们认识到金融市场和金融制度的发展在经济增长过程中有至关重要的作用，甚至可以说金融发展的水平是未来经济增长、资本积累和技术进步的"晴雨表"。

金融发展与经济增长之间的作用是相互的，而经济增长可以促进金融发展是比较明显且直接的。在此只分析金融发展对经济增长的作用，即只分析"供给引导型"的金融发展。本节将借用马尔科·帕加诺（1993）的简易框架，以及 AK 内生增长模型来说明和印证金融发展作用于经济增长的传导机制。[①]

如果 K_t 代表总资本存量，则总产出是总资本存量的线性函数，设：

$$Y_t = AK_t \qquad\qquad (2-1)$$

其中，A 表示资本边际生产力。

若假定人口规模不变，并且只生产一种商品，这种商品可被用于投资或消费（若被用于投资，每期以 δ 的比率折旧），那么，总投资等于：

$$I_t = K_{t+1} - (1-\delta)K_t \qquad\qquad (2-2)$$

在均衡条件下要求总储蓄 S_t 等于总投资 I_t。假设储蓄在向投资转化过程中，一定比例的总储蓄作为成本在金融中介过程中流失掉了，设这一比例为（1-θ），所以总储蓄和总投资在均衡时有：

$$\theta S_t = I_t \qquad\qquad (2-3)$$

由式（2-1）得出，t+1 期的增长率是：

$$g_{t+1} = (Y_{t+1}/Y_t) - 1 = (K_{t+1}/K_t) - 1$$

$$= I_t + (1-\delta)K_t/K_{t-1} = \theta S_t/K_t - \delta \qquad\qquad (2-4)$$

利用式（2-3），并去掉时间下标，稳定状态下的增长率可写为：

---

① 谈儒勇. 金融发展理论在 90 年代的发展［J］. 中国人民大学学报，2000（2）：60-65.

$$g = A\theta s - \delta \tag{2-5}$$

其中，在式（2-5）的推导过程中，利用了均衡条件式（2-3）。

其中，s 表示储蓄率，$s = S/Y$，θ 表示总储蓄转化为投资的比例。

由此可见，金融体系可以通过资本边际生产力（A）、储蓄率（S）、储蓄转化为投资的比例（θ）来影响经济的增长。考察金融作用于经济增长的机制就是考察金融如何影响 A、S 和 θ。

一是金融对储蓄的影响。金融对经济增长的促进作用首先在于动员居民储蓄，提高储蓄水平。早期人类社会进行的是物物交易。随着社会分工和商品交换的发展，此交易方式效率低下、成本高，已经不再适应生产发展的需要，于是货币这种方便、高效、低交易成本的交易媒介便产生，并渗透到社会经济生活的各个领域。但经济生活中的货币分布是不均衡的，而金融体系在交易成本方面具有优势，于是就能吸纳大量的社会盈余资金，提高储蓄倾向。此外，金融体系还可通过提供流动性强、安全性高、收益稳定的金融工具，进一步刺激居民的储蓄倾向。因此，金融发展可提高储蓄率，进而增加资本积累，促进经济增长。

二是储蓄向投资的转化效率。储蓄向投资转化效率的高低主要取决于一国的金融发展水平和金融系统的效率。首先，高效的金融体系可以使金融中介低成本地获得有关企业经理人员和经营环境等信息，从而吸引外部投资者进行投资，完成闲置储蓄资金向运营资金的转化，加速资本的形成。其次，成熟的金融中介体系还可以提供不同的风险项目组合，减少流动性风险和个体风险，使人们获得更稳定、更满意的回报率，从而更乐意去投资。再次，完善的金融合同、金融市场和金融中介机构可以加速企业所有权和经营权的分离，改进对公司监督和控制的途径，使外部投资者不必时刻直接监管企业，有更多的时间去关注企业的战略和决策，从而能降低投资鉴定的成本，提高资本的形成能力。最后，资本市场的高度发育和高效率会使投资者在利益的驱动下积极主动地运用储蓄投向资本市场，增加全社会的资本积累。特别地，国内外一些学者常用金融资产总量与GDP的比率来衡量金融发展的规模水平。

三是资本产出效率的影响。金融体系可以将分散的资金市场融为一体，使资金资源在整个社会实现重新组合和分配。金融体系利用分配手段这种功能，通过信息的收集，对各种可选择的项目进行评估，将储蓄有效地在借款者之间进行分配，大大降低了借款者与贷款者之间订立金融契约的交易费用，从而提高了金融市场的深度和广度，实现将资金配置到资本边际生产力最高的项目中去。分配手段的一个重要内容之一就是作为资本配置机制的股票市场。尽管股票市场仍具有不完善之处，但它的相关制度安排会降低代理成本，部分地克服了资本分配过程中存在的道德风险和逆向选择。可见，金融体系的主要功能不仅在于积聚社会闲散资金，把潜在的储蓄转化为实际投资，增加资本积累，而且在于充分发挥金融中介和金融市场的作用，提高金融资源的配置效率，促进经济增长。所以"供给引导型"的金融发展强调了其对经济增长的主动作用。

迄今为止，很多理论性及实证性的文献都有力地证明了金融发展对长期经济增长的促进作用。这些研究所强调的机制都建立在一个前提之上，即金融发展有助于提高储蓄转化为投资的配置效率。选择生产效率更高的投资手段，包括改进流动性风险的管理；更有效地分散投资者的投资组合；改善与不同投资项目的效率和投资者个人能力有关的信息。将这些因素纳入内生增长模型后，将促使资本生产率提高，进而对长期增长率产生促进作用。此外，大量的理论和实证也表明金融发展和经济增长之间存在良性的相互作用关系，其作用的机制是经济与金融共有"基点"的互为影响模式的表现。可见，金融发展与经济增长之间的影响是客观的和现实的，金融发展有助于促进经济增长，而经济增长也将推动金融发展。

第三节　金融发展对西部大开发的重要意义

一、金融是现代经济发展的核心

就字面意义来说，金融可以解释为资金融通，但从一个严格的经济范畴来定义，则是货币流通和信用活动的总称。金融概念的出现，是和专门经营货币与信贷业务的银行的出现联系在一起的。随着银行业的发展，信用货币作为社会的主要流通手段和支付手段，货币和信用的结合，形成了新的经济范畴即金融。随着经济货币化、信用化程度的不断提高，金融开始由最初中介商品交换的辅助地位逐渐发展成为经济活动中一个相对独立的因素。此后，随着金融工具的不断创新（特别是衍生工具的出现），金融市场的不断扩大（金融自由化和全球化），金融在经济中的作用不断得以实现，成为现代经济的核心。

首先，现代社会资产的金融化趋势日益明显。社会资产日益金融化是指社会资产越来越表现为金融资产的趋势，通常用金融相关比率来刻画。这一比率既表示一国金融业的发达程度，也表示一国社会资产与金融资产的相对数量。这一比率在 100 年前的英国最高，为 0.30~0.35；德国为 0.15~0.20；美国为 0.07；日本为 0.02；当时广大发展中国家还谈不到这一比率。1913—1935 年，对应国家大体在 0.70~0.80，日本为 0.32~0.40。到 1990 年左右，发达国家的这一比率为 3.26~3.62，发展中国家为 0.30~1.50。可见，100 多年来，各国的这一比率有了历史性的提高。①

改革开放 25 年以来，我国金融资产保持了快速的增长速度，公开资料显示，我国金融资产总值从 1978 年的 1512.5 亿元上升到 2002 年的 237862.2 亿元，增加了 156.26 倍，年均增长 23.67%，大大高于我国同期 GDP 的增长速度。在金融资产总量迅猛增长的同时，金融相关率也明显提高，呈逐年快速上升的趋势，1978 年我国的金融相关率为 0.42，1991 年超过了 1.0，2002 年为 2.33，2003 年为 2.11。我国的金融相关比率高，既有正常的因素，即中国经济与金融的实质性发展与提高；也有不正常的因素，它表明存在一定的金融泡沫化倾向，这是非常值得警惕的。

其次，金融已成为社会资源配置的重要手段。在由各种要素组成的市场体系中，金融市场起着核心和枢纽作用。这种核心和枢纽作用主要体现在两个方面：一是促进储蓄和投资的转化。商业银行通过吸收存款形成可

---

① 王广谦.中国经济增长新阶段与金融发展［M］.北京：中国发展出版社，2004.

贷资金，并通过发放贷款来增加企业流动资金。资本市场把居民和企业的部分资金集中起来转化为长期资本和永久性资本。二是引导生产要素的流向，主要表现为政策性金融的产业导向作用。

改革开放以来，中国金融市场发展从无到有，金融市场交易量从小到大，初步形成了包括信贷市场、货币市场、资本市场和外汇市场在内的金融市场体系。目前，在各种要素市场中，金融市场居于重要地位，为实现社会资源配置起到了重要的作用，可以说，如果没有金融市场的资源配置作用，中国经济难以保持持续快速增长。以资本市场为例，1990—2002年，企业通过股票累计实现筹资额达 8778.82 亿元。1998—2002 年，企业通过债券市场累计筹资达 860.9 亿元。资本市场的发展，为企业融资开辟了渠道，对缓解企业发展中的资金瓶颈问题起到了重要作用。

再次，金融已成为国家重要的宏观调控手段。宏观经济管理的基本要求是，实现社会总供给与总需求的基本平衡，促进国民经济均衡增长。金融在建立和完善国家宏观调控体系中居于重要地位。一般来说，货币供应量可以调节社会总需求量和社会商品、服务总供给量的基本平衡，保持物价的基本稳定。另外，金融业与国民经济各部门有着密切的业务联系，能够比较深入、全面地反映数以万计的企事业单位的经济活动情况。而且，利率、汇率、信贷、结算及其他金融工具对微观经济主体有直接影响，国家可以根据宏观经济政策的需要，通过调节利率、汇率和信贷政策等手段，定时收紧银根，调整经济发展的规模、速度和结构，在保持物价稳定的基础上，促进经济发展。

近些年，金融部门和其他宏观经济管理部门配合，根据宏观经济发展的形势，不断调整货币政策，实现了经济的平稳发展。一是运用适度从紧的货币政策，实现了以治理通货膨胀为主要调控任务的宏观调控目标。1993—1997 年，通过控制货币供应量来控制需求过快增长，广义货币供应量（M1）的增长从 1993 年的 37.3%，下降至 1997 年的 20% 以内，有效地实现了物价的稳定。二是运用稳健的货币政策，实现了以治理通货紧缩为主要调控任务的宏观调控目标。1998 年以来，中国出现了通货紧缩的迹象，针对这种情况，中央银行连续运用多种调控工具，使中国走出了通货紧缩的阴影。2003 年下半年至 2004 年以来，中央银行针对经济运行中出现的一些局部过热现象，通过采取微调的方式，实现了宏观经济平稳运行。

最后，金融成为国家经济稳定的核心，金融稳定对经济、社会和政治稳定至关重要。现实表明，经济危机首先表现在金融上，并会迅速波及其他方面。如墨西哥金融危机、东南亚金融危机以及拉丁美洲金融危机引发的经济危机、社会动荡和政权更迭已经有力地证明了这一点。在亚洲金融危机期间，我国之所以能够避免金融危机的冲击，并保持国民经济持续健康发展，关键在于中国一直高度重视金融安全，采取多种措施化解经济运行中可能蕴藏的金融风险。在加快完善社会主义市场经济的过程中，金融发挥着越来越重要的作用，已成为国家稳定经济的核心。

二、西部大开发离不开金融发展

我国西部地区地域辽阔，资源丰富，具有巨大的经济发展潜在优势。中华人民共和国成立以来，西部经济得到了迅速发展。但总体来看，西部地区的经济发展速度明显滞后于东部地区，发展水平与东部相比存在较大的差距。造成这种差距的原因，除了政策扶持、区位差异、人才和技术缺乏等因素外，其中一个重要原因就是资金缺乏，金融的筹资融资、调节经济和资源配置功能未能得到充分发挥。因此，推进西部大开发必须强化金融支持。

1. 要从根本上解决西部地区的资金匮乏问题需要强化金融支持

公开资料显示，我国资金来源的区域分布与经济发展水平的区域分布基本一致。1990—1998 年，我国东部地区的资金来源每年都超过中部和西部地区的总和，且比重呈持续上升趋势。1995 年，东部地区首次出现了大规模存差，与此同时，中部、西部地区的资金贷差却从未消失。长期以来，西部地区经济发展所需资金主要依赖于中央财政和银行信贷资金，但通过银行部门的间接融资量与东部地区相比明显不足且流失严重。据测算，西部地区获得的银行信贷资金量不足全国的 20%，且通过资金上存、净拆出、直接向东部投资等渠道流失的资金达 10% 左右。由于西部地区资本市场发展滞后，直接融资量甚少，从而加剧了西部建设资金的短缺。要解决西部大开发中的资金供需矛盾，仅仅依靠中央财政进行区域间转移支付是远远不够的，必须采取切实有效的金融政策措施，健全金融体系，充分发挥金融筹资融资功能，拓宽融资渠道，引导资金向西部地区流动，解决西部地区资金不足问题。

2. 提高西部地区开发的经济效益需要强化金融支持

经济效益的好坏是西部大开发成败的关键，如果只有财富的转移而没有财富的创造，西部大开发的目标就难以实现。多年来，国家对西部的扶贫从未中断，改革开放至今，国家投入西部的各类扶贫资金总计上千亿元，效果却不理想，问题就出在只"输血"不"造血"，最终还是改变不了西部地区的落后面貌。要改变西部地区存在的高投入、低产出的粗放型经济增长模式，提高资金的使用效率，就必须强化金融资金成本效益约束机制，发挥资金价格调节导向功能，优化资金投入，有效地培植优势产业和新的经济增长点，从而增强自我积累能力和"造血"功能。

3. 优化西部资源配置需要强化金融支持

毫无疑问，我国西部具有丰富的土地、能源、矿产等自然资源，但这并不意味着西部应发展资源导向型产业。在现代经济特别是知识经济迅速发展的时代，自然资源在经济发展中的重要性已大为下降，而知识资本对 GDP 的贡献力和收益率则与日俱增。此外，资源开发还具有投资大、周期长、见效慢的特点，单纯沉溺于自然资源的开发和初加工，不仅会造成资源的过度开发和生态环境的恶化，而且在过剩经济的现实中，这种打着粗放经济烙印的产品，也是没有出路的。因此，西部自然资源的开发应与品牌、商标、专利、市场网络、信息、创新环境、人力资本等后天可获得性资源的开发结合起来，使资源优势转化为竞争优势、经济优势。要做到这一点，离不开金融的支持。通过资金的流入，能够带动西部资源开发过程中所需人才、技术、信息等相关资源的流入，从而使西部地区各种资源实现在更高层次上的合理配置。

第三章 金融产业促进西部经济发展的传导机制

正如前文所述，经济发展与金融发展的联系异常紧密，经济发展水平决定金融发展，金融发展水平又反作用于经济。伴随着国民经济的日益发展，金融业越来越直接地影响着社会生产、分配、交换和消费的全过程，对实现宏观经济调控目标、优化资源配置、促进经济和社会发展起着十分重要的作用。

我国各地区间的经济发展水平存在很大差异，呈显著的不平衡状态。根据区域经济发展规律，平衡是相对的，任何时期都会有相对发达地区和相对不发达地区。金融体系作为国民经济运行的重要组成部分，不仅能直接反映经济的区域性特点，而且经济发展的区域性要在很大程度上借助金融的区域化运作得以实现。

本章主要分析金融产业促进西部经济发展的传导过程和主要内容，并指出目前我国西部经济发展正处于经济体制转轨时期，经济的纵深发展离不开金融的支持，因此需要有更多的金融机构和更加丰富的形式来支持西部地区经济发展，进而通过金融发展来促进和带动西部地区资本的形成和产业结构的优化调整，激发企业活力，推进内生经济增长机制的形成与不断完善。

第一节　金融产业促进西部经济发展的环境分析

一、金融产业促进西部经济发展的时代背景

经济金融化是现代经济的特征。在农业经济时代，货币是流通手段，信用（借贷）是为了获取货币，因而具有货币性而不具有资本性；在工业经济时代，货币不仅是支付手段、流通手段，而且可以转化为资本，同时银行业开始了派生存款的创造，形成国际资本流动。20世纪80年代，经济全球化、经济金融化，金融与新的经济增长方式相结合，引导和调节着经济的发展，在经济运行中是联系其他部门的纽带，金融通过这种特殊资源的流动，起着引导和配置其他资源在区域内和区域间的流动，从而获得稀缺的资源。由于现代经济中信用关系普及，债务关系依存度增强，金融资产规模激增，并成为连接现在和未来的动态资产配置的主要因素，金融渗透到生活的各个方面。

从金融与经济的关系来看，传统金融与20世纪的工业时代相适应，其功能是解决在经济运行环境相对稳定情况下的资源优化配置问题；21世纪的新经济时代是以信息革命和经济全球化为特征的。由于知识积累、专业分化、技术变动加速，使产业结构不断优化升级成为可能。高科技的风险收益特征要求有新的金融制度产生，而经济全球化使社会经济结构更趋复杂性、依赖性和不稳定性。同时，在经济全球化下，市场一体化已经从工业文明时代的贸易市场一体化向金融市场一体化转变，使资产结构和资源组织方式正在发生着深刻变化，金融的全球化使经济的不确定性因素更大，同时，金融的发展开始担负起金融安全的重任。这些都说明了金融在现代经济中的核心地位。

二、西部经济发展恰逢经济转轨时期

近年来，关于西部大开发的研究多以区域经济学理论为指导，从推进落后地区的开发，从而实现全国范围的区域协调发展出发，这方面的研究

已取得了丰硕的成果。但是，对西部经济内在增长机制问题研究和采取的措施却相对较少。如果西部大开发只依靠外部拉动，而形不成内在增长机制，很难达到预期的目的。罗斯托在《从起飞进入持续增长的经济学》中说："中国地大物博，人们可以发现在这个国家中的不同地区，从最低级到最高级的增长阶段都在这里同时并存过。"如果我们说东南沿海地区是最高级增长阶段的话，那么西部地区就是低级的增长阶段。

西部经济总体上正处在罗斯托指出的"自我持续落后"向"自我持续增长"的转型时期，西部大开发和西部地区经济社会的发展，从更本质的层面来看，正面临着这个紧迫的转型要求，从而实现"起飞"的可能。为此，西部经济必须进行三个方面的转型：从传统经济向现代经济转型、从计划经济向市场经济转型、从封闭经济向开放经济转型。在经济体制上，东部地区已建立起发达的市场经济体制，国有、私有、外资、混合所有制所构成的多元市场主体已经形成，国有比重小，但掌握着国民经济的命脉；非国有比重大，已成为国民经济竞争性领域和出口领域的主力。在市场结构中，尽管东部地区金融市场、资本市场的发达程度不及发达国家，但资本市场和各类市场主体较为齐全，融资相对方便。在经济结构上，东部地区对国内、国际市场的适应性大大增强，外国高新技术产业源源不断地涌入，产业结构不断升级，制造业和服务业已成为拉动东部经济增长的主导力量。在对外开放上，东部是我国开放经济最发达的地区，是我国进出口贸易的集中地，也是跨国公司及各类外商投资的首选地。总之，东部地区在经济转型的三个方面都已走在我国的前列。正是由于转型的成功，东部地区已有了自我积累、自我发展、自我扩张的能力，可以依靠内生增长机制不断发展。

反观西部地区，经济活动的市场化程度还较低，政府还起着重要作用，国有经济改革相对滞后，比重仍然很大，私有经济发展缓慢，整个经济体系尚未形成多元化投资主体的格局。市场结构相对不健全，资本市场、产权交易市场都不发达，间接、直接融资都存在不同程度的难度。在经济结构上，西部资源开发、东部加工制造的格局基本未变，对外贸易和吸引外国资本的数量都很低，西部整个经济的增长主要靠国家通过基础设施投资来拉动，内在的自主动力比较缺乏。因此，西部地区要尽快进入可以靠内生增长机制不断发展的状态，加快经济转型的步伐。

三、西部大开发处于内需不足的市场环境中

西部大开发不仅面临经济转轨的任务，还面临着经济转型的任务。[①]前者是经济体制由计划经济向市场经济转化的过程，目前仍在继续。从市场供求的角度来看，从改革开放到 1997 年，我国经济主要面临着供给约束。1997 年以后，我国经济主要面临的是需求约束。造成需求约束的原因有以下三点：一是世界金融危机所引发的外需骤降的结果。二是内需疲软的结果。首先，经济体制改革的全方位展开，促使消费者做出未来支出攀升、不确定性加大的预期，并做出减少当前消费的决策。其次，金融消费功能缺失而造成的现期消费的障碍。在人的生命周期中，存在收入和消费在总量、结构方面的非对称规律，客观上要求金融提供信用功能对收入和消费的非对称性加以协调，使之趋于平衡，但由于我国的金融发展尤其是西部金融发展滞后，金融市场缺失了这一调节功能，从而既导致了个人福利的损失，也阻碍了资源的有效配置。三是收入的个人结构及其区域结构的不平衡也极大地制约了市场需求的增加。从个人情况来看，有调查显示 70%的社会财富掌握在 30%的人手里。一方面，造成大部分人基本消费短缺，甚至存在温饱问题；另一方面，巨富者个人的消费倾向不断下降。这必然造成现实中社会平均消费倾向下降的趋势。

第二节　金融产业促进西部经济发展的实现机制

西部大开发要取得成功，需要大量的资金支持。在市场经济条件下，由于资本具有逐利性，使西部开发的本质转化为西部投资收益率的提高。

---

① 江其务. 经济后转轨时期的货币金融改革 [M]. 北京：经济科学出版社，2004.

投资收益率的提高是建立在低廉的交易成本、优化的产业结构以及高效的经济体制的基础之上。因此，西部经济发展不仅需要大量的资本支持，还需要发挥金融对西部实体经济的调整作用。

发挥西部金融的协调作用，应当遵循制度转轨条件下的一般规律来实现。而且，如果提供了资本却没有提供使用资本的有效框架的话，资本将会被浪费掉。① 所以，提高西部资本回报率是解决西部资金短缺、经济落后的根本方案。

一、通过西部经济货币化促进经济发展

经济货币化是指社会产品、劳务中用货币支付部分所占的比重不断扩大的趋势。一个地区的经济货币化程度越高，表明该地区借助货币手段来完成的经济活动越多，货币在经济运行中的地位和作用越大，经济的金融化程度越高。金融发展离不开经济的货币化发展，经济货币化对经济的促进作用表现为三大效率的提高：

1. 提高交易效率

货币的极其广泛使用可以节约交易费用，加快交易频率。马克思指出，在一般等价物出现之前，交换过程的实现取决于交换双方的商品在使用价值上互补、在价值量上相等、在交易时间和空间上相同。从而使交换的发生不但带有极大的偶然性，而且要付出巨大的搜寻成本。一般等价物的出现，使交易可以克服上述偶然性。每一个商品生产者可以较容易地出售自己的商品，并可以打破时空和量的限制购买自己偏好的商品。纸币的产生，使一般等价物的生产成本更低、携带更方便，交易过程更简单、更容易快捷。

2. 提高资源配置效率

由于货币化可以提高交易效率，就会使更多的资源加入到交易中来，

---

① 阿瑟·刘易斯. 经济增长理论［M］. 上海：上海三联书店，1990；谢丽霜. 西部开发中的金融支持与金融发展［M］. 大连：东北财经大学出版社，2003.

提高资源参与经济活动的效率。同时，更多种类资源的分拆组合，有利于资源配置效率的提高。

3. 提高生产效率

资本品的使用可以提高生产效率，但资本品要求较大的货币资本投入。货币金融的存在可以实现实物部门外源融资的成功，从而加速资本品的使用。

二、金融发展促进西部产业结构的升级与优化

产业结构理论指出，随着经济的发展，产业结构将发生相应的变化并呈一定的规律性。一定的人均国民收入水平和一定的产业结构乃至工业结构相对应，且存在密切的相关关系。无论是产业结构还是工业结构，在经济发展中都表现出一种"高附加价值化"的趋势，高附加价值的部门在产业结构中占有越来越大的比重。① 因此，区域经济发展过程就是利用区域经济条件形成合理的产业结构，并取得最佳效益的过程。从动态角度来看，就是实现对区域内现存不合理的产业结构进行调整和更新换代，实现产业结构高级化。区域金融不仅有筹集资本的功能，而且金融对经济有显著的结构调整功能，并能通过这种调整产生经济结构重组的动力。同时，区域之间存在的各种结构差异，客观上也为金融调整能力的发挥奠定了基础。

首先，金融市场的融资功能可以为产业结构的调整准备条件。无论是通过增量发展，还是通过存量调整实现产业发展和结构升级，都必须依赖于资金和其他生产要素。金融发展蕴含的融资功能不仅可以促进区内储蓄资源向投资转化，还可以动员区外、国外资金，以及通过资金动员来带动品牌、专利、技术、人才、网络信息、创新制度等优势资源的进入，与西部丰富的自然资源相结合，共同提高西部地区产业结构的转换能力。

其次，在间接金融中运用信贷和利率杠杆等经济手段，调控贷款投

---

① 郝寿义，安虎森. 区域经济学 [M]. 北京：经济科学出版社，1999.

向，根据择优扶持、区别对待的原则，对区域内急需发展的产业（如基础产业、瓶颈产业、主导产业）和效益好的企业可实施积极信贷支持；相反，则要加以限制。这样才能调整结构，实现区域经济资源的合理配置。

最后，作为直接金融的资本市场，其核心功能是结构调整。资本市场借助股票、债券等金融工具的流动性，通过价值资本的流动来带动其他生产要素在更广阔的空间转移，这在很大程度上削弱了生产要素部门间转移和重新组合时所遇到的资产实物形态的部门转移障碍，从而消除了产业分割状况并有效地推进了产业结构的调整与升级。① 其主要表现在以下三个方面：一是为产业结构调整创造有利条件。在资本市场中，企业资产可通过证券化形式，在不改变所有权的前提下，借助使用权的转让，引导企业资源从一个行业或企业转向利润率更高的行业和企业，改变资源配置结构，从而实现产业结构的优化和调整。二是扩大产业结构调整增量资金来源。产业结构调整需要大量的增量资金投入，以股票、债券等金融工具为主的资本市场，作为一种直接融资机制，可以根据资金的趋利性，吸引国内外的资金更多地投入到优势产业、新兴产业。三是拓宽产业结构存量调整空间。增量投入往往会受到资金来源的约束，而改变现有资源在不同产业间的分布，能迅速实现存量结构调整。不同企业间的资产重组是存量调整的一种非常有效的操作方式。借助资本市场的虚拟化资产具有较高流动性的特点，可使资金向不同地区、不同所有制、不同行业间的流动与组合，又在很大程度上减少了资产存量调整所需的资金，可加快存量调整的步伐，拓展调整空间。②

总之，区域金融对区域经济有显著的结构调整功能，并通过它实现资金配置效益最大化，从而实现资本边际生产力的提高。

---

① 孙晓娟. 资本市场、政府角色与西部经济结构的战略性调整 [J]. 社科纵横, 2002 (6): 12-13.

② 沈冰. 发展西部资本市场促进产业结构调整 [J]. 商业研究, 2001 (12).

三、金融对西部企业及其结构的优化调整

金融对西部企业的支持作用表现为改善公司治理结构方面。

目前，我国西部地区面临的一个重大问题就是国有企业治理结构不合理、经济效益低下。在当前国家财力有限的条件下，国有企业改革的客观要求之一是资本市场的发展和深化。国有企业的股份制改革是资本市场发展的客观物质基础，而资本市场的发展深化又为国有企业的股份制改革、法人治理结构的形成、资本结构的合理化、产权转换和产权流动提供了现实可行的配套环境。我国国有企业改革的核心是建立现代企业制度，在这一过程中，既要解决长期计划经济遗留下来的历史问题，改变企业大量存量资产配置不合理的状况、盘活存量，又要实现企业经营方式的转变，逐步学会资本经营运作方式。此外，还要面对市场经济条件下，日益激烈的市场竞争环境。这些都需要资本市场的相应成长和配套支持。股票、债券市场的发展为企业组织采取有限责任公司、股份有限公司开辟了道路，有利于西部企业建立由股东大会、董事会、经理层和监事会组成的职权分明、相互制衡的企业法人治理结构。多样化的金融工具有利于形成更强的投资激励，并有利于私人股、外资股、法人股对国有企业的参股，从而实现国有企业投资主体的多元化，并通过产权结构的动态调整和资本市场的监督机制使国有企业法人治理结构不断优化。通过资本市场的股权变换，国有企业由独资形态演化为控股或者参股形态，达到了优化国有企业资产布局的目的。

第三节　金融是区域发展的"催化剂"

本书第二章对现代经济发展中金融的重要性进行了初步的阐述和介绍，解决西部地区资金匮乏问题需要强化金融支持，提高西部开发的经济效益需要强化金融支持。从某种意义上来说，金融是加速区域经济发展的有效"催化剂"，可以唤醒处于"睡眠状态"的闲置资金，有效改善"资

金贫血"状况。

自 1999 年中央经济工作会议正式提出西部大开发战略以来，这一问题迅速成为国内外各界人士关注的焦点，人们从历史、文化、科技、财政、产业结构等方面对此进行了深入细致的探讨。在有关西部大开发的观点中，经常被人提起但又没有受到应有的重视与关注的方面，就是其中的金融支持。

邓小平同志指出："金融是现代经济的核心，金融搞好了，一着棋活，全盘皆活。"[①] 从理论来看，在成熟的经济增长理论及模型中，如哈罗德-多马模型，麦金农和爱德华等提出的金融压抑、金融深化论等，都强调了金融因素在经济发展中的重要作用；从实际情况来看，在谈论东部、西部地区的经济差距时，人们往往被 GNP、工业产值等指标所吸引，但不可忽视的是，东部、西部在金融资产总量、金融机构数量、金融从业人员、金融意识等金融指标方面，同样存在甚至比 GNP 指标更明显的差异。因此，如果承认我们处于一个所谓的"金融经济"时代，承认金融处在现代经济核心地位的理论及现实意义，那么，金融支持是在西部大开发中应予以高度重视的一个环节。相对于其他手段，金融支持的特征或优势在于：第一，金融活动外在地表现为资金的融通。西部大开发的首要问题是资金问题。因此，通过金融支持为西部地区融资，以发挥货币的第一推动力和持续推动力作用是西部大开发面临的直接任务。第二，金融活动内在地表现为是信用活动的高级形式，而信用正是市场经济的基础金融支持手段，这与我们建立社会主义市场经济的大方向是根本一致的，更能适应西部大开发长远战略的长期需要。因此，我们有理由认为，西部大开发离不开金融的支持。

西部经济发展初期阶段的首要瓶颈是资金的匮乏。解决融资问题既可以采取直接融资和间接融资，也可以采取内源融资和外源融资。从微观角度来讲，内源融资是指企业的投资资金来源于企业内部积累，以及通过企

[①]　摘自邓小平同志一九九一年一月二十八日—二月二十八日视察上海时，同上海负责同志的谈话要点（《邓小平文选》第三卷，《视察上海时的谈话》一文）。

业财务管理的功能实现内部资金的形式转换、时间转换和结构转换，以满足企业内部资金的盈余调剂，从而提高其资金周转率和利用率；外源融资是指通过增加企业的负债来取得资金，如直接发行企业债券或向其他金融机构借贷。从整个西部资金匮乏的中观融资角度看，内源融资指利用西部内部现有的企业结余资金，以及从金融机构、金融市场上融资；外源融资指根据需要而利用国家财政拨款、向其他地区借款以及外资的注入。随着市场经济和金融制度的深化发展，采用直接融资和间接融资渠道的金融筹资机制成为实践中最主要的融资方式。如何稳定内源性融资并吸引外源性融资已成为西部制定区域金融政策所必须考虑的重大问题之一。

第四节　西部地区金融发展与经济增长关系实证分析

金融结构的转变与经济增长之间的关系，既是制定科学合理的金融发展战略的现实需要，也是促进地区经济结构、产业结构调整和升级，保证经济长期稳定增长的关键。在此选用 GDP、金融相关比率（JRXG）、金融结构指标（JRJG）、经济结构指标（JJJG）四个指标，通过实证分析方法，考察我国西部地区的经济增长、金融发展及其结构之间的关系。

一、变量选取与数据来源

（1）解释变量和被解释变量。为了解释西部地区经济增长、金融发展及其结构之间的关系，分别选取 GDP 与 JRXG、JRJG 与 JJJG、JRXG 与 JRJG 互为解释变量（X）和被解释变量（Y），由此进行回归分析来反映相互作用。考虑到数据的准确性，三个指标取值时间跨度为 15 年（1991—2006 年）。

（2）衡量指标定义。金融相关比率：金融资产总值/GDP；金融结构指标：（金融资产总值−各项存款−各项贷款）/金融总资产；经济结构指标：（第二产业增加值+第三产业增加值）/GDP；GDP 为各年度实际值。

二、样本数据来源

（1）金融相关比率（JRXG）、金融结构指标（JRJG）的计算数据来源：M0、各项存款、各项贷款、股票流通市值、保费收入、债券数据来自《新中国五十年统计资料汇编》（1990—2006年数据）、《中国统计年鉴》（1991—2006）、《中国金融年鉴》（1991—2006）、《中国经济年鉴》（1991—2006）。

（2）经济结构指标（JJJG）的计算数据来源：1990—2006年西部地区第二产业值、第三产业值、GDP 数据依据《新中国五十年统计资料汇编》（1990—2006年数据）、《中国统计年鉴》（1991—2006）。

三、回归分析

根据相关数据，下面分别分析 GDP 与 JRXG、JRJG 与 JJJG、JRXG 与 JRJG 之间的关系，利用 SPSS 软件得出以下回归结果：

1. GDP 与 JRXG

$$GDP = -24318.41 + 14228.19 \times JRXG$$

（-8.613）（10.247）

$F = 124.64$　$R^2 = 0.981$　调整的 $R^2 = 0.925$

$$JRXG = 1.369 + 0.002 \times GDP$$

（33.141）（10.423）

$F = 133.24$　$R^2 = 0.973$　调整的 $R^2 = 0.928$

2. JRJG 与 JJJG

$$JRJG = 0.214 - 0.079 \times JJJG$$

（2.167）（-0.610）

$F = 0.350$　$R^2 = 0.39$　调整的 $R^2 = 0.071$

$$JJJG = 0.792 - 0.478 \times JRJG$$

（5.791）（-0.625）

$F = 0.313$ $R^2 = 0.39$ 调整的 $R^2 = 0.081$

3. JRXG 与 JRJG

$JRXG = 1.981 - 0.779 \times JRJG$

（9. 687）（−0. 741）

$F = 0.580$ $R^2 = 0.69$ 调整的 $R^2 = 0.044$

$JRJG = 0.279 - 0.078 \times JRXG$

（1. 751）（−0. 753）

$F = 0.591$ $R^2 = 0.60$ 调整的 $R^2 = 0.041$

因为上面 t 检验、F 检验均通过，所以上述各项指标之间基本上存在一定的相关性。结果表明：西部地区实体经济结构升级，金融结构转变与之相对应，金融深化程度也相应提高，进而实现经济增长。

第四章 西部金融产业发展的现状及成因

与经济发展状况相类似，我国各地区之间的金融业发展状况也呈显著的梯度差异，即西部地区的金融市场无论是在数量上还是在质量上，都同东部地区存在较大差距，西部金融产业的发展处于浅层和相对落后的状态。在现代市场经济体制下，随着经济发展对金融发展依存度的不断提高，国家预算内资金占全社会固定资产投资的比重正逐年下降。西部大开发进程的资金获得，已经不可能像过去那样过多依赖财政，而应建立健全市场机制下的商业化融资渠道，借助市场手段引导资金流向，进而获得充足的金融支持。

现阶段西部地区金融产业浅层发展的状态，在很大程度上不利于国家对西部金融政策作用的发挥、抑制了西部地区自身资本的形成，进而阻碍了西部产业结构的优化，降低了西部金融、经济的运行效率，从而对西部大开发及西部地区经济建设的长期稳定增长构成了制约。在此背景下，了解西部金融产业发展的现实状态，分析其形成原因及对西部开发的制约作用，对于提高发展西部金融产业重要性的认识，增强西部金融产业发展的推进力量有着重要的现实意义。

第一节 西部金融产业发展现状

一方面，我国西部地区金融结构总体水平落后，金融结构转换和优化的速度较慢，严重妨碍了西部地区产业结构的升级和经济增长；另一方面，西部地区产业结构升级滞后，又导致金融产业发展缓慢和当地经济发展水平的落后。

一、金融规模增长较快，但同东部差距明显

按照戈德史密斯对金融结构的研究，金融总量结构可以用金融相关比率（FIR）来度量。[①] 戈德史密斯创造性地提出了衡量一国金融结构与金融发展水平的基本指标，即金融相关比率（Financial Interrelations Ratio, FIR），FIR 是某一时点上一国金融工具的市场总值（或一定时期内金融活动总量）F 与实物形式的国民财富的市场总值（或一定时期内经济活动总量）W 之比，用公式表示为：

$$FIR = F/W$$

戈德史密斯认为，这一比率与七个因子成正比，即货币比率、非金融相关比率、资本形成比率、外部融资比率、金融机构、新发行比率、金融资产价格波动和乘数，而与另外三个因子成反比例，即实际收入增长率、物价上涨率以及平均资本产出比率。

FIR 的计算公式适合于任何时期、任何国家的 FIR 值的计算，通过此指标，可以大致衡量和反映一个国家金融发展的一般趋势。目前，FIR 已成为衡量一国金融深化程度的重要指标。实际人们已习惯用 GDP 代表经济活动总量作为分母，以金融资产总值代表金融活动总量作为分子，即 FIR＝金融资产总值/GDP。

戈德史密斯的研究表明，金融相关比率 FIR 会随着金融产业的发展和整个经济的发展而呈现上升趋势，当其达到一定水平便保持相对稳定。随着经济的发展，金融系统中银行机构资产总额的比例会趋于下降，而新型金融机构如人寿保险公司、投资公司的比重有所提高，资本市场特别是证券市场的地位上升，直接融资的重要性逐渐提高并最终取得主导地位。

---

① 雷蒙德·W. 戈德史密斯. 金融结构与金融发展 [M]. 上海：上海三联书店，上海人民出版社，1969.

　　本书以全部金融机构各项存贷款为例，分别计算了西部地区的存贷款余额占全国的比重和金融相关比率（见表4-1）。西部地区经济的金融化进程整体上还是比较顺利的。从金融机构存贷款余额的绝对量来看，1982年西部地区金融机构存款余额为251.7亿元，2004年增加到38100亿元，年均增长率达到25.63%，金融机构贷款余额从1982年的332.4亿元增加到2004年的29600亿元，年均增长率为22.64%，大大快于经济增长率。西部地区的金融相关比率从1978年的80%左右提高到了2004年的245.4%。

表4-1　西部地区存贷款余额占全国的比重及金融相关比率比较　　单位：%

年份	存款余额占全国存款的比重	贷款余额占全国贷款的比重	存贷款余额占全国存贷款的比重	西部地区金融相关比率（FIR）	全国的金融相关比率（FIR）	西部地区生产总值占全国GDP的比重
1982	23.7	18.9	21.0	106.8	104.7	20.5
1983	22.5	18.6	20.3	106.3	107.1	20.4
1984	23.1	18.7	20.6	120.8	115.8	19.7
1985	21.8	19.2	20.3	121.4	113.1	18.9
1986	22.9	20.3	21.4	145.4	126.8	18.6
1987	23.1	20.6	21.6	151.3	130.1	18.5
1988	22.5	20.7	21.4	136.6	120.4	18.9
1989	18.4	18.1	18.2	141.9	148.6	19.1
1990	18.4	18.1	18.2	154.0	170.4	20.1
1991	18.3	18.8	18.6	170.1	181.9	19.8
1992	17.9	18.8	18.4	179.8	186.8	19.1
1993	17.4	18.8	18.2	177.4	181.0	18.6
1994	17.7	19.4	18.5	180.0	174.1	17.9
1995	17.7	19.8	18.7	186.5	181.5	18.2
1996	17.4	19.7	18.4	194.3	194.1	18.4
1997	15.9	17.9	16.9	194.9	215.0	18.7
1998	16.0	17.2	16.6	206.8	236.7	19.0

续表

年份	存款余额占全国存款的比重	贷款余额占全国贷款的比重	存贷款余额占全国存贷款的比重	西部地区金融相关比率（FIR）	全国的金融相关比率（FIR）	西部地区生产总值占全国GDP的比重
1999	16.2	17.9	17.0	224.0	251.3	19.1
2000	16.4	17.6	16.9	226.9	252.8	18.9
2001	16.4	17.2	16.7	234.5	267.3	19.1
2002	15.9	16.9	16.3	244.7	290.7	19.4
2003	15.6	16.6	16.1	256.1	314.4	19.7
2004	15.8	16.6	16.1	245.4	307.2	20.2

资料来源：笔者根据《新中国五十五年统计资料汇编》相关数据计算而得。

与全国和东部地区比较，西部地区金融总量依然偏低，金融发展显著滞后。这主要表现在，西部地区金融机构存贷款余额占全国的比重，改革开放以来总体处于下降趋势，如表4-1所示。20世纪80年代初，西部地区金融机构存贷款余额占全国20%以上，到了2004年则下降到16%左右，而同期，西部地区的地区生产总值占全国GDP的20%以上，2004年底西部地区人口占全国总人口的28.7%。从衡量金融发展水平的金融相关比率来看，西部地区的金融相关比率显著低于全国的金融相关比率（见图4-1）。

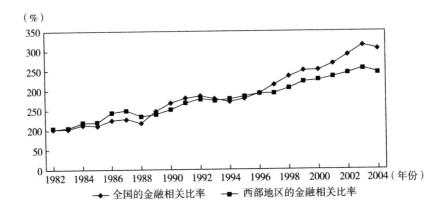

图4-1 金融相关比率：西部与全国的金融相关比率比较

通过对各地区 1990—2004 年金融资产相关比率的计算可以看出,我国东部大部分省区金融发展水平较高,而西部大部分省区金融发展水平较低,差异十分明显。1995 年,东部、中部、西部全部金融机构的金融相关比率比国有金融相关比率分别高出 100 个、32 个和 26 个百分点。而到 2004 年,东部地区的金融相关比率与国有金融相关比率的差距已相当于全国的金融相关比率的近 30%,中部地区约为 20%,西部地区则为 10%。这反映了我国各地金融市场化程度的差异,东部开放较早,市场化程度较高,金融发展也明显较快,中部、西部地区基本上还是国有金融为主。

全部金融相关比率与国有金融相关比率差异反映不同地区非国有金融机构活动的状况,可用来衡量一个国家或地区金融市场化程度及对市场金融资源的竞争状况。从市场化程度指标可以看出,西部地区金融市场化程度低,资金优化配置机制难以发挥作用。

1978—2003 年,西部地区的金融资产一直在递增,西部地区国有金融相关比率从 1978 年的 0.92% 上升到 2004 年的 2.09,提高了 1 倍多。西部地区的国土面积约占全国陆地面积的 57%,人口约占全国的 22.18%,2003 年西部地区金融业、保险业的国内生产总值为 910.5 亿元,仅占全国该行业国内生产总值的 19.8%,而同期东部地区为 36%,说明西部地区金融对经济的贡献不如东部地区大。

除此之外,从西部地区 1982—2004 年的存贷款余额占全国的比重来看(见图 4-2),稳中有降的趋势十分明显。这表明作为经济发展相对落后的地区,西部吸收和利用资金的效率与中部地区、东部地区的差距在进一步加大。通过对比西部地区生产总值与存贷款余额全国占比的情况可以看出,1990 年以后,除个别年份外,西部地区生产总值占比均显著高于其存贷款余额占比,这进一步说明了西部地区的金融发展水平与其整体经济发展存在不协调,在一定程度上制约了其经济发展(见图 4-3)。

由此可见,西部地区的金融发展从总体上看较为滞后。造成这种现象的原因有两个方面:一是西部地区自然经济部门占有较大的比例;二是西部地区金融机构不发达和结构不合理。

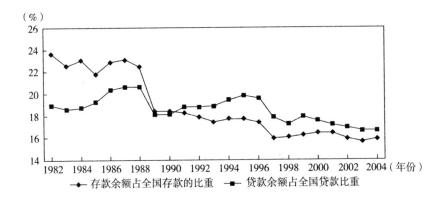

图 4-2 1982—2004 年西部地区存款余额、贷款余额占全国比重

资料来源：笔者整理。

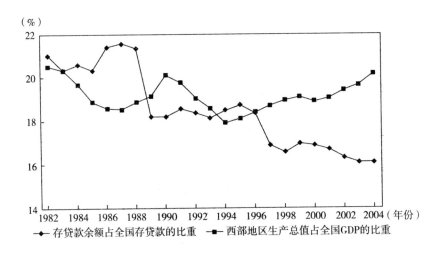

图 4-3 西部地区存贷款余额占全国存贷款的比重与

地区生产总值占全国 GDP 的比重

资料来源：笔者整理。

二、金融资产结构单一，金融组织体系不完善

2006 年末，全国各类银行业金融机构共计 19.3 万家，从业人员为 250 万人，资产总额达 41 万亿元。分地区来看，占全国 GDP 一半以上的

东部地区不仅聚集了全国 60% 以上的银行业金融资产，而且聚集了我国四大国有商业银行和 12 家股份制商业银行的总部。西部地区银行业金融机构数占全国的 27%，从业人员占全国的 19%，资产总额占全国的 15%（见表 4-2）。

表 4-2　2016 年末银行业金融机构地区分布　　　　单位：%

区域	机构数量占比	从业人员占比	资产总额占比
东部	39	45	63
中部	25	24	14
西部	27	19	15
东北	9	12	8
合计	100	100	100

资料来源：中国人民银行货币政策分析小组 . 2006 年中国区域金融运行报告〔M〕. 北京：中国金融出版社，2007.

截至 2006 年末，东部、中部、西部和东北地区人民币各项存款余额分别为 19.6 万亿元、5.0 万亿元、5.3 万亿元和 2.6 万亿元，分别同比增长 16.4%、17.6%、18.1% 和 13.9%。尽管西部地区存款增速最高，但超过 60% 的存款仍集中在东部地区，并且在短期内难以发生实质性改变（见表 4-3）。

表 4-3　2006 年末金融机构存贷款余额地区分布　　　　单位：%

	东部	中部	西部	东北
本外币各项存款占比	61	15	16	8
其中：储蓄存款	55	18	17	9
企业存款	69	12	13	6
外币存款	84	5	5	6
本外币各项贷款占比	61	15	16	8
其中：短期贷款	60	16	15	8
中长期贷款	61	14	19	7
外汇贷款	87	5	4	3

资料来源：中国人民银行货币政策分析小组 . 2006 年中国区域金融运行报告〔M〕. 北京：中国金融出版社，2007.

从金融资产结构来看，如表4-4所示，目前西部地区的金融资产主要是以银行资产为主，2003年西部地区金融机构各项存贷款分别占全国金融机构的14.99%、16.03%，上市公司数占全国的20.91%。从存贷款与GDP的比率来看，西部地区分别为126.88%、104.1%，与全国水平177.44%、135.6%分别相距50.56个和31.5个百分点，金融机构的不良贷款占比仍然高达22.3%左右。整体来看，西部地区金融资产结构总体水平处于落后和不合理状态，金融资产结构的这种不合理在一定程度上是西部地区经济结构水平低的根源。

表4-4　1993—2003年西部地区的金融资产结构

年份	全部存款余额（亿元）	企业债券余额（亿元）	股票筹资余额（亿元）	全部存款比重（%）	企业债券余额的比重（%）	股票累计筹资的比重（%）
1993	3381.41	56	4	98.26	1.63	0.12
1994	4089.47	41	27	98.36	0.99	0.65
1995	5302.06	21	43	98.8	0.39	0.80
1996	6958.46	23	87	98.4	0.33	1.23
1997	8542.24	31	247	96.8	0.40	2.8
1998	10103.99	56	342	96.2	0.5	3.3
1999	13616.89	84	470	96.1	0.59	3.31
2000	16889.67	85	480	96.8	0.49	2.75
2001	23555.43	89	456	97.7	0.37	1.89
2002	27281.84	96	465	97.9	0.34	1.67
2003	29124.65	107	471	97.9	0.36	1.58

资料来源：笔者根据《中国统计年鉴》《中国证券期货年鉴》各期计算整理。

从金融组织体系的角度来看，在西部地区的金融机构中，国有金融机构占垄断地位，非国有金融机构发展缓慢。目前，我国东部地区已基本形成了国有商业银行、政策性银行、非国有金融机构和外资金融机构等主体并存的多元化金融格局，并且国有四大银行业务所占比例在逐渐下降，而西部地区仍是以国有商业银行为主导的单一金融体系，西部地区国有独资商业银行存贷款余额占全部金融机构的比例虽然有所下降，但仍然高达80%以上，国有金融机构垄断地位还相当明显，金融开放性和竞争性还有待提高。

此外，国有商业银行在西部地区设立的分支机构数量与其业务发展不相称。以中国工商银行为例，2001年其地区分支机构设置在东部的占46%，西部仅有20.3%。其中，广东有2079家，江苏有1493家，山东有1631家；而西部较为发达的四川省才有1372家，陕西也只有787家①。而且，随着四大国有商业银行为了应对WTO的挑战，将有选择地实施机构收缩战略，这意味着广大落后的西部农村地区出现了极大的"金融真空"，使为西部农村服务的金融组织体系匮乏。

西部国有金融机构垄断的组织结构，对于金融资源配置效率的负面影响是显而易见的。公开资料显示，我国东部地区每创造1亿元的产值，需要1.2个国有金融机构参与，而同样指标在西部地区则需要2.3个国有金融机构参与。换句话说，西部地区的2.3个国有金融机构相当于东部地区的1.2个国有金融机构所创造的产值。从每亿元贷款需要的国有金融机构来看，东部地区每1亿元存贷款需要0.7个国有金融机构参与，而西部地区需要1.2个参与。由此造成的金融交易成本、经营费用相差将近1倍②。由此可见，西部地区国有金融机构数量多、效率低，属于数量扩张型金融发展模式。与之相比，西部地区外资金融机构数量非常少。截至2006年底，外资银行在西部地区设立的机构在全国所占比例仅为10%左右。

综上所述，西部地区金融组织结构水平低，缺乏完整、科学的金融体系，严重制约了西部地区非国有经济的发展，从而制约了企业组织结构和经济所有制结构的优化，影响了产业结构的升级和经济的增长。

---

① 根据《中国金融年鉴》数据整理计算。
② 周立. 中国各地区金融发展与经济增长［M］. 北京：清华大学出版社，2004.

三、储蓄和资金积累难以满足投资需求

资源在当前消费和投资（储蓄）之间的分配，是一切经济发展所必须面临的经济选择。这一选择不仅会影响一个国家或区域未来一段时期内的经济增长，而且会对金融乃至经济的可持续发展产生深远的影响。对于某个地区来说，其可获得的可用于投资总额，就是区内储蓄与区外储蓄之和。

区内储蓄可分为两个部分：政府部门或公共部门的储蓄和家庭与企业的储蓄（私人储蓄）。政府的储蓄主要包括预算储蓄和国有企业的储蓄，前者来自政府税收用于政府消费后的余额。区内的私人储蓄有两个来源：非国有企业的储蓄和家庭储蓄。区外的储蓄包括区外政府的储蓄和区外私人部门的储蓄。

考察我国西部地区的区内储蓄（见表4-5），可以发现：一方面，西部地区和全国一样，储蓄率高，但投资率更高。在西部大开发的背景下，西部地区的高投资率是驱动西部经济快速发展的最重要动力。另一方面，比较西部地区的储蓄率和投资率可以看出，西部地区的储蓄缺口仍较大。

表4-5　西部地区的储蓄缺口（2004年）

项目区域	2004年人均GDP（元）	相当全国平均数（%）	区内资本形成总额（占GDP的百分比）	区内总储蓄（占GDP的百分比）	资源缺口	区内储蓄占区内投资的比例（%）	2004年人均固定资产投资（元）	相当全国平均数（%）
内蒙古	11305	107.04	52.478	42.548	9.93	81.0778	7499.79	138.3256
广西	7196	68.14	36.296	31.702	4.594	87.343	2529.17	46.6478
重庆	9608	90.98	50.966	39.55	11.416	77.6008	4923.29	90.8048
四川	8113	76.82	40.048	40.138	-0.09	100.2247	3230.28	59.579
贵州	4215	39.91	54.142	26.434	27.708	48.8235	2216.27	40.8767
云南	6733	63.75	43.434	31.662	11.772	72.8968	2925.35	53.9549

续表

项目 区域	2004 年人均 GDP（元）	相当全国平均数（%）	区内资本形成总额（占 GDP 的百分比）	区内总储蓄（占 GDP 的百分比）	资源缺口	区内储蓄占区内投资的比例（%）	2004 年人均固定资产投资（元）	相当全国平均数（%）
西藏	7779	73.66	50.826	29.602	21.224	58.2418	5925.55	109.2904
甘肃	5970	56.53	45.108	41.054	4.054	91.0127	2802.37	51.6867
青海	8606	81.49	70.262	34.396	35.866	48.9539	5365.12	98.9539
宁夏	7880	74.61	75.062	27.604	47.458	36.7749	6397.96	118.0035
新疆	11199	106.04	54.158	41.908	12.25	77.381	5843.86	107.7837

注：资本形成总额＝固定资本形成总额+存货变动

储蓄总额＝国内生产总值-消费总额

资源缺口＝资本形成总额-储蓄总额

资料来源：《中国统计年鉴》（2005）。

首先，从储蓄来源来看，西部地区区内可获得的储蓄包括居民、企业和政府的储蓄。西部地区无论是城镇居民还是农村居民，其人均可支配收入都低于全国平均水平。西部地区少数民族聚居地较多，受多方面的影响，大部分少数民族地区的居民收入还处于维持生计的水平，因此从总量上看可用于储蓄的资金较少。其次，从企业储蓄的角度来看，西部地区经济发展相对滞后，企业数量少，规模小。例如，西部地区工业企业只占全国的 10%左右，企业经济效益普遍偏低，因而企业的储蓄也十分有限。最后，政府储蓄主要是指政府税收用于政府消费后的余额，西部地区尤其是西部少数民族地区经济不发达、税基弱，地方财政高度依赖于中央财政的补贴和转移支付，据统计，2004 年各民族地区政府储蓄为负。

四、资本市场发展迟缓

资本市场作为一种直接融资和更能体现市场金融交易关系的制度，它的建立和发展对于推进一国（或地区）的金融深化，促进整个金融制度的市场化转变具有重要意义。20世纪80年代以来，我国资本市场特别是股票市场、基金市场和国债市场的发展异常迅速，市场体系日臻完善，已经初步形成了现代资本市场的基本框架。

随着我国资本市场的建立和发展，企业的融资渠道开始向多元化方向发展，通过证券市场进行的直接融资已成为企业为发展筹资的一个重要来源。同时，利用资本市场，通过发行股票和债券等金融工具，促进了储蓄向投资的转化，这对于地区的经济发展有重要的作用。但我国资本市场内部明显存在区域结构上的失衡，由于西部地区长期以来，经济发展速度慢，企业效益差，偿付能力弱，因而与我国其他地区的资本市场，尤其是东部资本市场的发展相比，西部地区资本市场无论在市场规模、经济证券化水平，还是市场融资能力、市场成熟程度以及组织形式等方面，都存在很大差距（见表4-6）。

表4-6　我国东中西部地区资本市场利用状况比较

指标	年份	全国	东部地区		中部地区		西部地区	
			数量	占比（%）	数量	占比（%）	数量	占比（%）
上市公司数量（个）	1996	530	348	65.66	87	16.42	95	17.92
	2003	1287	763	59.29	299	23.23	225	17.48
上市公司A股筹资总额（亿元）	2003	819.56	436.8	53.29	235.17	28.69	147.59	18.01
企业发行债券（万元）	1996	621585	293160	47.16	165080	26.56	163345	26.26
	2003	3580000	1768520	49.4	1020300	28.5	791180	22.1

资料来源：笔者根据《中国证券期货统计年鉴》计算整理。

2003年上半年，西部地区非金融部门贷款与债券融资、股票融资比重分别为89.5∶8.9∶1.6，与2002年相比，贷款比重上升8.8个百分点，企业股票融资比重下降 16.1 个百分点。① 由于资本市场发展滞后，企业融资渠道单一，严重削弱了西部地区经济的发展，加大了对商业银行间接融资的压力和风险，既不利于西部地区产业结构调整和升级，也不利于技术结构的优化。

西部资本市场发育迟缓具体表现在以下几个方面：

首先，市场规模小。无论是债券市场还是股票市场，其发行规模和交易规模都远低于全国平均水平。2003 年，全国股票市场 A 股筹资总额为 819.56 亿元。其中，东部地区筹资额为 436.8 亿元，占 53.29%；中部地区筹资额为 235.17 亿元，占 28.69%；西部地区筹资额为 147.59 亿元，占 18.01%。2004 年，西部 11 个多民族地区，IPO 筹资只占全国的 11.53%，股票成交量只占全国的 8.81%。截至 2004 年全国有上市公司 1377 家，其中西部 11 个多民族地区有 253 家，占 18%。

其次，金融业市场化水平不高，证券化水平低。据统计，2004 年全国股票市场市值与国内生产总值的比率（市场资本化率）为 27.14%，西部地区该比率很低，如广西只有 10.09%，云南仅为 12.40%（见表4-7）。另外，中国各地区市场化进程相比较来看，西部地区的金融业市场化进程较慢。

表4-7 2004 年西部地区的股票市场

| 省份 | 上市公司数 | 市场资本化率（%） | 2004 年 IPO 筹资 | | | 股票成交 |
			筹资额（万元）	占全国比重（%）	金额（百万元）	比例（%）
全国	1377	27.14	3534200.00	100.00	4233394.69	100.00
内蒙古	22	19.06	36000.00	1.02	43719.88	1.03
广西	22	10.09	68280.00	1.93	26482.65	0.63
重庆	29		46548.00	1.32	34528.91	0.82
四川	68		99512.00	2.82	97604.09	2.31
贵州	17		125230.00	3.54	21343.18	0.50

① 伍艳.西部开发的资本形成机制研究 [J].西南民族大学学报（人文社会科学版），2004（6）.

续表

省份	上市公司数	市场资本化率（%）	2004 年 IPO 筹资			股票成交
			筹资额（万元）	占全国比重（%）	金额（百万元）	比例（%）
云南	22	12.40	86810.00	0.00	28443.94	0.67
西藏	8		0.00	0.00	6092.21	0.14
甘肃	19	16.43	31808.00	0.90	42010.55	0.99
青海	9		0.00	0.00	8464.19	0.20
宁夏	11	22.57	0.00	0.00	8217.06	0.19
新疆	26	18.43	-0.00	0.00	56387.07	1.33

资料来源：笔者根据《中国金融年鉴》《中国证券期货统计年鉴》整理。

再次，市场融资能力差，主要表现在西部地区融资结构中。基于银行的间接融资比重高，平均在90%以上，直接融资比率低。由于资本市场发展滞后，企业融资渠道单一，严重削弱了西部地区经济的发展，加大了对商业银行间接融资的压力和风险，既不利于西部地区产业结构调整和升级，也不利于技术结构的优化。

最后，上市公司缺乏盈利能力，上市公司的经济效益差且呈下滑趋势。公开资料显示，1995 年，西部上市公司的净资产收益率平均值为21.76%，到1999 年终仅为4.01%，盈利能力下降近82%，平均下降速度达34.5%，每年盈利能力衰减1/3 以上。1995 年，西部上市公司中只有4家公司亏损，但到了1999 年，亏损的上市公司增加到了19 家，占同期西部上市公司总数的10.11%。从表4-8 中可以清楚地了解到，在2000 年、2001 年和2002 三年中，我国西部地区上市公司的盈利能力总体出现滑坡，虽然亏损企业数目在2001 年有少量减少，但在2002 年急剧增加，与2000 年、2001 年相比，增幅分别高达72.73%和111.11%，微利企业数目出现逐年增加趋势，而盈利企业则呈现逐年下降趋势。[①] 本书所取样本统计，西部上市公司近三年的平均净资产收益率分别为8.33%、5.8%和2.76%。

----

① 王卉. 西部上市公司盈利能力的实证研究 [J]. 广东财经职业学院学报，2003（6）.

上市公司缺乏盈利能力，它所发行的有价证券自然无法引起投资者的购买兴趣，这种情况反过来制约了西部股票市场的发展。[①]

表4-8　我国西部地区上市公司按净值资产收益率汇总表

上市公司类型	2000 年		2001 年		2002 年	
	数量（个）	比例（%）	数量（个）	比例（%）	数量（个）	比例（%）
亏损公司	11	5.07	9	4.15	19	8.68
微利公司	22	10.14	28	12.90	35	15.98
盈利公司	184	84.79	180	82.95	165	75.34

资料来源：笔者根据《中国证券统计年鉴》整理。

第二节　金融产业发展滞后对西部经济发展的制约

西部地区金融发展的较低水平充分说明，西部经济发展受到了来自金融方面的制约。

一、不利于倾斜的金融政策在西部发挥其支持作用

西部大开发是在政府主导下的一项区域经济发展战略。作为国务院的重要部门之一和金融业核心的中国人民银行，理应根据它在金融机构和金融市场中的主导地位，通过倾斜的货币金融政策在西部大开发中发挥重要的支持作用。在现代市场经济中，中央银行对经济运行的调控主要是通过对准备金率、利率、再贷款、再贴现和公开市场业务等货币政策工具的操作，来间接影响市场货币供应量，最终实现经济的发展。因此，在市场经济体制的大背景下，中央银行要发挥对西部大开发的支持作用，必须以相对发达的金融市场为前提条件。西部金融市场的滞后发展，不仅使中央银

---

① 康银劳，刘常青. 西部地区证券市场融资的方向和重点［J］. 中国投资，2000（10）.

行货币政策的传导由于缺乏可供依赖的有效杠杆和路径而受阻，而且还在一定程度上直接抑制了中央银行对西部货币金融政策的实施效应，削弱了中央银行对西部大开发的支持力度。以公开市场业务为例，在现代金融体系中，公开市场业务既是中央银行调控货币供应量的操作工具，也是中央银行真正能掌握的市场。在发育完善的公开市场中，中央银行支持西部大开发，可以通过拓展公开市场的操作对象，增加对西部地区各种有价证券的吞吐，来扩大西部地区实际的货币供应量，进而激活西部地区的货币市场、资本市场。

二、对西部地区自有资本的形成产生限制

在现代经济增长模型中，资本、劳动、技术被视为促进经济增长的三大要素。从我国西部地区显示的情况来看，资本和技术的缺乏是影响西部经济发展的主要因素，其中资本的缺乏又进一步限制了技术因素作用的发挥。因此，加速金融发展，依靠现代化的金融服务手段、发达的金融市场、多样化的融资方式，促进资本形成、解除资金短缺对西部经济发展的瓶颈约束，是启动和持续实施西部大开发战略的关键。

资本形成的规模取决于储蓄数量和"储蓄—投资"的转化比率，前者取决于收入水平，后者则取决于金融机构的效率和金融市场的完善程度。从这个意义上说，西部金融产业发展的滞后必将限制西部地区自有资本的形成。

首先，完善的金融组织体系和金融市场通常能通过间接和直接的双重融资渠道，最大限度地动员社会储蓄资源，使之向投资转化。西部地区资本市场不发达，资本内生能力差，处于高投入、低效益、低积累、低产出的低水平循环过程，资本生成和资本积累能力较差。直接融资的比重过小，以及单一化的金融组织结构体系，使金融中介作用受到弱化，资本规模和资本运作效率受到了很大影响。在这样的背景下，西部地区的融资不得不保持对银行特别是国有商业银行信用的高度依赖。相反，东部地区拥有相对发达的金融体系，储蓄资源既可以通过间接融资渠道，又可以通过

直接融资渠道实现向投资的转化。

其次，投融资渠道单一、狭窄。这不仅表明西部金融对社会储蓄资源的动员度低，而且意味着西部地区还有许多的金融需求没能得到满足。西部地区大量的中小企业、民营企业被排斥在有组织的金融市场之外，不完全的市场导致金融资源配置的扭曲，资本市场过高的进入门槛更是几乎封闭了中小企业的直接融资渠道。这种状况反过来会进一步降低西部地区的资本形成能力，西部地区中小企业、民营企业由于得不到有效的金融支持而导致发展的迟滞，对西部经济的繁荣和各储蓄主体收入水平的提高都是不利的。

最后，相对滞后的西部金融产业会对西部地区资金外流起到推波助澜的作用。例如，东部上市的企业和建立的基金较多，也是由于东部上市公司融资能力较强，西部地区的储蓄积累的一部分资金在资本市场上通过购买股票发生净流出。自1995年金融体制改革，商业银行实施存贷挂钩，资产负债风险管理之后，银行信贷资金的流动更加注重安全、高效。在这种背景下，东部地区以其相对高的市场化程度、良性的经济运行状态、众多的金融工具和高投资回报率，通过银行间的同业拆借吸收了西部地区相当一部分银行信贷资金。

三、制约了西部经济运行效率的提升

正如前文所述，西部大开发是在市场经济体制的大背景下进行的，因此要求在加强政府支持力度的同时，更应充分发挥市场机制的作用。现代市场经济体系是由众多既相互联系、相互依存，又相互独立、相互制约的市场所组成的一个不可分割的有机整体。市场机制充分发挥作用必须要以市场体系的完整性、有机性作为前提。在商品货币的经济社会中，一切经济往来都必须借助金融、货币媒介来实现。社会信用和金融市场的发达程度，资金的运转效率，直接关系到商品市场和其他要素市场的运行效率。西部地区由于产权变革力度弱、资本市场不发达，这必然引起资金向东部地区倾斜、流动，进一步扩大西部地区资供给金缺口。资本的稀缺和区域经济弱竞争力相互作用的结果，只能是强化西部地区对其金融资源的行政性保护。由此造成的金融市场分割既不利于我国市场体系的完整和统一，又制约了市场机制作用的发挥，同时还易引发区域间利益的矛盾和冲突。

此外，金融机构上述功能的发挥必须以竞争型的市场为前提，多元化的金融机构和多样化的金融工具，有助于优化资金的分配和使用效率。要提升西部经济运行的效率必须以下列条件为前提：一是金融服务的市场供给主体即金融企业具有独立的法人地位，能够自主经营、自负盈亏、自担风险、自我约束；二是金融服务的市场需求主体即投资者行为的市场化、理性化，不受其他任何人的干预和限制；三是在金融市场上具有足够多的市场供给主体和市场需求主体；四是要具有完备的市场结构，包括完善的基础设施、发达便利的交通通信、健全的市场法制建设等。

然而，迄今为止，西部地区还没有建立起多元化的金融组织结构体系，金融领域缺少多种形式、多功能、多所有制的金融机构来完善与补充金融市场参与主体的类型和数量。在这种格局下，西部地区国有银行长期占据了垄断地位，竞争不足必然导致金融创新的不足。在健全而多样化的金融市场上，只有不断加剧的金融同业竞争，才能使金融机构通过不断创新金融工具以争取客户的强烈愿望，这是引发金融创新的最直接的动力。与金融竞争度比较高的东部沿海发达地区相比，西部地区就无法或较少享受金融创新带来的种种好处。长此以往，这种状况必然会遏制西部地区金融体系的活力。

第三节 西部金融产业发展的滞后因素剖析

一、西部地区经济发展整体水平较低

作为现代经济的核心，一个地区金融业的发展同该地区经济发展水平有十分紧密的联系。概括地讲，经济发展水平与金融之间有着既相互制约，又彼此促进的双重关系：经济发展的总体状态从根本上决定着金融发展的状态，同时，金融发展的状态又反过来影响着经济发展的状态。

　　换言之，经济发展水平在很大程度上决定了金融发展的纵深度。改革开放和西部大开发战略实施以来，中部、西部地区国民经济的活力同以前相比已不可同日而语，但与全国平均发展水平或与东部发达地区相比，中部、西部经济水平的差距却有进一步拉大的趋势，这也就从根本上决定了中部、西部地区金融发展的局限性。

　　西部地区较为薄弱的经济基础对西部金融发展的抑制作用主要表现在以下几个方面：

　　首先，西部地区较低的国民收入水平，直接影响了西部地区储蓄的扩张。改革开放以来，我国经济的高速增长和藏富于民的国民收入分配格局，使我国居民的储蓄存款持续增加。但由于经济发展的区域失衡，我国居民收入增长的地区差异较大，各地区储蓄存款的增长情况同样存在显著差距。储蓄存款是银行信贷资金的主要来源，西部地区相对低的储蓄水平直接制约了资金供给水平。

　　其次，西部低效率的金融资源配置降低了西部地区对金融资源的吸引力。造成西部资源配置低效的原因是多方面的，其中非常重要的一点体现在不合理的分工格局和低层次的产业结构上。现有的分工格局总体上表现为西部地区原材料的生产、初加工与东部地区深加工、高附加值产品生产的分工。这种分工使西部地区蒙受原材料输出和加工成品输入所造成的双重利益损失，弱化了西部地区资本的自我积累能力。除此之外，西部经济的发展在很大程度上依然遵循高投入的粗放型经济增长模式，资源耗费大、经济效益低且不具有可持续性，使经济发展陷入高投入、低产出的低水平循环。以上制约了西部地区金融市场对区内外闲置资金的吸纳，同时也不利于西部现有金融机构拓展资金来源，提高资金使用效益。

二、金融资源的计划性配置占据主导

　　改革开放以来，我国金融制度在由计划经济向市场经济转变的进程中取得了明显的成效，但由于东部、西部区域的市场化改革有先后、快慢不同，于是在我国便形成了东部地区以市场型金融制度为主，而西部地区仍然偏重于计划金融制度的二元金融制度结构。

从金融发展的总体情况来看，我国西部地区对金融资源的计划性配置存在较强的依赖性。传统的计划经济体制对西部地区的金融市场发展产生着深刻的影响。在计划经济体制下，西部地区的资本形成主要是通过财政来实现的，经济活动基本上是靠外力推动的，即依靠中央指令性计划，由国家运用非经济手段，调动大量的生产要素，直接嵌入项目的方式来实现区域经济的增长。在政府财力有限，投资主体日益多元化的今天，将促进地区经济发展的动力寄希望于国家的财政支持无疑是需要调整的。随着经济运行从财政主导型向金融主导型转变，商业性金融资源的流向对各地区的经济增长均发挥着越来越重要的影响。西部地区由于受历史、地理、经济、文化、制度和政策等多方面不利因素的制约，很难吸引商业性金融资源大规模地配置到西部地区，这也极大地加深了西部地区各级政府对中央财政资金注入的偏好和对金融行政干预传统的依懒。

东部沿海地区通过市场化制度创新，全方位运用各种现代的金融资源动员方式和途径，迅速地提高了自身的货币化和金融化水平，加快了与国际金融的接轨，完成了工业化发展所需的基本的资本积累，已能够依靠自身的良性运转实现本地经济的自我发展。尽管西部地区也在努力向市场化的金融制度转变，但这种转变目前还不具有从量变到质变的实质效果。西部金融业的运行还偏重计划性、行政性色彩，更多地采用传统的金融资源动员方式，西部金融对区内外资金的动员和利用也更多地停留在浅层阶段。在市场化金融的背景下，东部地区能够借助当地经济的强竞争力所产生的极化效应，"虹吸"西部地区的资金资源。

在满足金融需求方面，西部地区仍对国有商业银行保持较高的依存度。由于东部地区相对开放，大量非国有企业迅速成长，他们对金融服务的迫切需求催生并促进了东部地区金融市场的竞争和市场发展，进而在一定程度上打破了国有商业银行的垄断，形成了多元化的格局。在西部地区，非国有经济无论是在规模水平，还是在竞争能力上都还没有发展到能够催生各类金融供给的地步。因此，西部国有银行的金融垄断短期内难以被打破。于是，在西部地区金融发展与经济发展之间就形成了以下循环：金融发展落后、缺乏效率，进而无法有效推动经济增长，反过来经济发展迟缓的结果又限制了金融业的进一步发展。

三、相对单一的金融产业政策抑制了西部金融发展

西部地区金融发展滞后，虽然有自然环境、资源状况、自我发展能力、技术进步，以及产业结构的差异等方面的重要原因，但金融制度方面的原因也是不可忽视的。完全相同的金融政策在实施的过程中，会因一系列区域间经济金融利益产生冲突与摩擦，从而加剧东部与西部间金融资源配置的不均衡。主要表现在以下几个方面：

首先，统一的存款准备金制度。自 1984 年建立该项制度确立了其货币政策工具地位以来，全国实行的是统一的存款准备金率和存款准备金利率，同时根据经济运行情况进行的上下调整都是全国统一进行的。从理论上说，中央银行扩大（缩小）准备金率，通过货币乘数的作用，使商业银行的可贷资金减少（增加），由于法定准备金率是全国统一的，而西部地区的货币信用化水平远远低于东部地区，加上西部地区向东部地区的资金回流，使西部地区货币乘数长期低于东部地区以及全国平均水平，进一步造成货币供给量的减少，从而使西部地区支持经济发展的资金远远要少于东部地区，带来区域经济发展的不平衡。①

其次，统一的机构准入和业务准入的条件。目前，东部、西部经济状况存在很大差异，金融差距也表现得十分突出。为了加强对金融机构的监管，防范金融风险，保障银行业的稳健运行，我国对金融机构的设立进行了严格的管理。在机构的审批条件特别是资本金的规定，以及审批权限等方面都做了明确的规定。这些规定和管理从总体来看，对于维护宏观金融的稳定，实现金融的可持续发展无疑是非常必要的，但是从地区经济协调发展的角度来看，不考虑地区差别而对资本金统一要求却不尽合理。西部

---

① 汪兴隆．西部开发：区域货币资金失衡及其调整［J］．财经科学，2000（1）．

地区的经济实力远不能与东部地区相比，对于相同的资本金要求，东部省市可能轻而易举就能实现，但对于西部可能就是一道难以跨越的障碍。

目前，我国西部地区的金融业，特别是地方性的、商业性的金融机构数量远远少于东部地区，除了西部地区起点较低的自身因素外，重要原因在于国家金融政策未能很好地考虑到不同地区的差异问题，对西部地区金融业的发展扶持在一定程度上显得不够。[①]

再次，统一的利率政策。利率是资金的价格，它应充分反映资金、资源的稀缺状况。一般来说，西部地区经济发展和改革的任务艰巨，资金相对匮乏，按照资金供求状况，西部地区的资金利率总体水平应较东部地区相对高一些。但由于我国实行统一的利率管制，不允许各地区根据市场供求做出较大的价格浮动，实际上在效果方面压低了西部地区的利率水平，使该地区长期处于一种低利率或负利率的状态，这样资金在东部就会因为资金成本相对较小而获得较高的利润率。这种一体化的利率政策导致西部银行惜贷和西部资金外逃，造成了西部地区本已稀缺的资金流向发达的东部甚至国外，进一步加剧了西部地区资金紧张的状况。

最后，统一的金融组织形式也存在一定的影响。目前，我国金融体系中占主导地位的仍然是国有商业银行，它们均实行全国统一的总分行制，这种组织形式不利于西部落后地区的经济发展。商业银行总行受资金效益最大化的目标驱动，必然会统一调度其各地方分支机构的资金，并向预期资金收益率高的地区倾斜，而且现实是东部地区在贷款收益方面要高于西部地区，使各商业银行总行执行倾向于东部地区的政策，这样国有银行必然会以内部上存资金等不同形式"虹吸"西部欠发达地区的资金，客观上又造成了西部地区资金的匮乏。

综上所述，金融发展促进地区经济增长的同时，如果采取统一的政策，势必会带来地区金融政策的松动。为了促进西部欠发达地区经济增长，应该根据地区的不同情况，采取有针对性的金融政策。

---

① 陕西省人民银行金融研究课题组. 对西部欠发达地区金融发展若干问题的思考 [J]. 陕西金融，1995（12）.

第五章 西部地区资金渠道建设与政府角色定位

第一节 西部地区资金渠道发展现状

在现代货币经济社会，货币资金已经成为经济发展不可或缺的要素之一，资金的匮乏必然影响经济增长的效率和持续性。自 1999 年西部大开发战略实施以来，西部地区的经济发展取得了巨大的成就，但在与东部地区和全国平均水平的横向比较中仍处于相对劣势，其中主要的症结就在于资金渠道问题。西部大开发的核心在于西部经济发展，而西部经济发展所面临的首要问题就是资金供给难以满足需求的显著矛盾。

西部地区劣势的转变需要资金的驱动，优势的发挥也需要资金的引导，资金渠道问题是目前西部地区经济发展遇到的瓶颈。因此，要理顺西部大开发过程中的各个环节，首先应当解决的便是资金渠道的建设问题。为此，有必要对西部现有的资金渠道进行梳理，进而找出存在制约西部金融、经济发展的关键矛盾，才可能从根本上缓解当前西部资金需求得不到满足的问题。财政、金融和外资是目前我国西部发展中最主要的三种资金来源渠道，下面分别就其现状进行梳理。

一、国家财政在西部地区投资的现状

在国家政策的支持下，我国西部投资正在稳步增长，速度和总量均呈

快速增长趋势。但是，由于历史原因，西部地区固定资产投资总额基数一直处于较低水平，西部与东部和中部在投资总量方面存在相当大的差距。从20世纪80年代至今，国家基本建设及贷款投资总量的60%以上是在东部地区完成的，西部地区不足20%。改革开放后，国家的投资重点转移到东部，东部、中部、西部地区经济发展的不平衡性进一步显现。1980年，西部地区的固定资产投资总额占全国固定资产投资总额的23.1%，东部地区占了47.8%。1981—1995年，东部地区的国有单位固定资产投资占全国的比重由45.9%上升到了54.3%，15年提高了8.4个百分点；中西部地区则由54.1%下降到了45.7%，其中西部地区从17.5%下降到了14.3%，下降了3.2个百分点①。

"九五"时期，在积极的财政政策的主导下，全国固定资产投资规模明显加大，年均增长10.26%，这是改革开放以来固定资产投资力度较大、增长速度较快的一个时期。西部大开发战略的提出，使国家财政投资的地区分布发生了明显的变化，东部、中部、西部地区的固定资产投资总额年均增幅分别为2.1%、5.2%和9.0%，西部地区投资增幅明显高于东部、中部地区，体现出国家对西部地区投资的倾斜，国家财政成为西部地区的投资主体。必须明确的一点是，虽然在固定资产投资增长率这一指标上，东部地区要低于西部地区，但东部地区固定资产投资占全国的份额仍在一半以上，这也说明西部经济同东部经济的比较仍存在较大差距，在短时间内难以发生根本改观。

20世纪90年代中期之后，在"刺激内需"宏观调控政策与西部大开发战略的背景下，西部地区固定资产投资额占全国的比重有所回升。1999年，西部地区投资率为35.31%，东部地区为34.93%。此后，西部地区该比率连年上升。2002年，西部地区投资率上升到了42.41%，创造了历史纪录。即使如此，依然不可与东部地区相比，该年西部地区固定资产投资总额占全国的比重仅为20.26%，东部地区则高达57.53%。2003年，虽

---

① 王小鲁，樊纲. 中国地区差距的变动趋势和影响因素［J］. 经济研究，2004（2）.

然西部地区固定资产投资总额有较大的增长，但所占全国份额仍然很低。2003 年，中部地区人均全社会投资相当于东部地区的 41%，西部地区相当于东部地区的 44%。

在国家实施西部大开发战略之后，西部地区固定资产投资占全国比重的回升，意味着全国资本配置开始向西部倾斜。1996 年，西部地区全社会固定资产投资相当于 GDP 的比重为 29.44%，2002 年增加到 42.48%，6 年间增长了 13.04 个百分点，高于东部地区 6.87 个百分点，尤其是 2001 年、2002 年西部大开发效果明显，比重增加更快。同期，东部地区全社会固定资产投资相当于 GDP 的比重基本稳定在 36% 左右，中部地区从 26.56% 增加到 31.49%，增长了 4.93 个百分点；全国全社会固定资产投资相当于 GDP 的比重从 33.75% 增长到 41.51%，增长了 7.76 个百分点，不过 2001 年、2002 年比重增加也较快。[①]

2003 年末，东部地区完成固定资产投资 32636.9 亿元，占全国的比例达 61.2%，比 1990 年上升了 2.2 个百分点；中部地区完成 9642.4 亿元，占全国的比例为 18.1%，同比下降 7.8 个百分点；西部地区完成 11048 亿元，占全国的比例为 20.7%，同比上升了 5.6 个百分点。1990—2003 年，东部地区累计完成固定资产投资 20 万亿元，占全国的比例为 61.4%，中部地区和西部地区分别完成固定资产投资 7.1 万亿元和 5.4 万亿元，占全国的比例分别为 22% 和 16.6%。2003 年末，东部人均拥有同期固定累计增量为 41499 元，中部、西部分别为 16738.3 元和 14715.8 元，东部地区人均拥有量是西部的 2.8 倍。

西部大开发战略实施以来，中央财政逐渐加大了对西部地区的投资力度。2000 年，西部地区国债贴息技改项目投资总额达 430 亿元，加上预算内投资，共计 700 多亿元。[②] 表 5-1 反映了 2003 年按资金来源渠道进行分类的西部地区基本建设投资状况，当年中央财政在西部地区投入基建预算

---

　　① 孙天琦. 中国西部经济金融发展：实证分析与案例研究 [M]. 北京：中国金融出版社，2004.

　　② 中国投资年鉴编辑委员会. 中国投资年鉴（2002）[M]. 北京：新华出版社，2002.

内资金 813.50 亿元,虽然总金额与 2002 年的 867.24 亿元相比略有下降,但在全国总额中的占比已由 2001 年的 34.23% 上升为 38.68%。从东部、中部、西部地区历年的情况来看,国家在西部地区的资金投入不但在金额上有大幅提高,在比例上也有很大增长。表 5-2 显示,1995 年西部地区国家预算内资金仅为 116.06 亿元,仅占当年西部地区基本建设投资总额的 9.20%,而这一比例到 2002 年上升到了 21.25%。这说明随着西部大开发政策的实施,中央财政在西部地区投资的力度的确在不断加大,无论是绝对金额还是相对比例都呈上升趋势,并且在相当长的时间里,随着西部大开发的不断深入,这种上升趋势将继续保持。

表 5-1　2003 年西部地区基本建设投资资金来源　　　单位:亿元

地区	合计	国家预算内资金	国内贷款	利用外资	自筹资金	其他资金
全国	22820.87	2103.24	6140.95	1236.86	11252.49	2087.33
西部地区	5379.66	813.50	1558.21	107.10	2285.67	615.18
重庆	549.33	98.55	164.89	8.88	197.66	79.35
四川	943.76	53.26	300.25	28.82	469.09	92.34
贵州	365.49	31.44	135.16	5.82	175.82	17.25
云南	462.54	49.33	188.98	9.78	176.76	37.69
西藏	132.90	79.76	5.31	—	27.68	20.15
陕西	598.21	81.35	150.04	18.44	235.66	112.72
甘肃	286.86	60.77	88.24	3.89	84.86	49.10
青海	144.18	36.76	16.12	1.53	67.15	22.62
宁夏	146.36	25.86	56.40	1.04	45.98	17.08
新疆	589.42	131.69	121.97	8.20	265.79	61.77
内蒙古	689.08	99.15	166.70	6.13	355.01	62.09
广西	471.53	65.58	164.15	14.57	184.21	43.02

资料来源:笔者根据历年《中国统计年鉴》整理。

表5-2 1995—2003年基建投资中的国家预算内资金及中央项目投资

单位：亿元

地区	年份 资金来源	1995	1996	1997	1998	1999	2000	2001	2002	2003
东部	预算内	183.63	212.85	320.92	353.88	509.01	465.52	595.37	537.98	585.04
	中央项目	1166.41	1310.46	1561.59	1612.6	1580.26	1462.49	1424.85	1328.01	1376.20
中部	预算内	131.01	143.82	172.84	234.16	377.97	386.60	465.12	520.49	503.11
	中央项目	677.71	824.21	921.36	854.51	913.18	1005.62	934.92	835.51	736.73
西部	预算内	116.06	103.93	131.07	233.85	347.00	413.32	525.69	867.24	813.50
	中央项目	528.62	605.49	713.17	798.59	716.27	843.12	941.61	950.94	1097.99

资料来源：笔者根据历年《中国统计年鉴》整理。

从西部地区资金渠道的横向比较可以发现，随着西部地区经济的发展和市场环境的逐渐完善，中央财政投资在各渠道中的相对地位已呈下降趋势。如2003年国家预算内资金在西部地区基建投资中的占比已经下降到了15.12%，这一变化应主要归因于自筹资金等市场化融资手段的发展。因此，虽然国家在地区投资中仍将继续偏重西部，但在地区资金来源中市场化渠道将逐渐占据绝对主导地位。

二、地方财政及企业自筹资金状况

自我积累本是地区经济发展的重要资金渠道之一，但西部地区的经济实力较弱，地方财政和企业自筹资金的能力都十分有限。

1. 地方财政投资

我国地方财政收入几乎完全依赖税收，国家尚不允许地方政府通过发行地方政府债券的形式进行融资。因此，地方财政收入乃至地方政府投资完全受制于地方经济发展的实际水平。

从我国经济运行的现状来看，西部地区的财政收入并不能为西部大开发提供充足的资金支持。如表5-3中的数据显示，2003年西部地区地方财政收支差额高达 2695.33 亿元，年度地方财政支出相当于地方财政收入的 2.63 倍，远高于全国 1.75 倍的平均水平，其中西藏的差额更是达到了 17.90 倍。显然西部地区的地方财政收支状况不仅不能解决当地经济发展中遇到的资金问题，反而造成了巨大的资金缺口，地方财政投资需要通过其他的资金渠道来进行补充。

表 5-3　2003 年西部地区地方财政收支状况　　　单位：亿元

地区	收入合计	支出合计	支出/收入（倍）
全国	9849.98	17229.85	1.75
西部地区	1649.52	4344.85	2.63
重庆	161.56	341.58	2.11
四川	336.59	732.30	2.18
贵州	124.56	332.35	2.69
云南	229.00	587.35	2.56
西藏	8.15	145.91	17.90
陕西	177.33	418.20	2.36
甘肃	87.66	300.01	3.42
青海	24.04	122.04	5.08
宁夏	30.03	105.78	3.52
新疆	128.22	368.47	2.87
内蒙古	138.72	447.26	3.22
广西	203.66	443.60	2.18

资料来源：笔者根据《中国统计年鉴》整理。

1999—2003 年，我国西部地区的地方财政收入占 GDP 的比重基本保持在 6.7%~7.19%（见表 5-4），这一比值一直高于中部地区，与东部地区的差距也不大。但受经济规模和经济发展水平的限制，西部人均财政收入一直偏低，加上庞大的人员负担，许多西部地区的财政基本丧失了地方政府投资的职能，许多本应由地方财政承担的职责也无法实现。

表 5-4　1999—2003 年各地区地方财政占 GDP 比重及

人均财政收入比较　　　　　单位:%，元

年份	1999		2000		2001		2002		2003	
地区	财政收入/GDP	人均财政收入	财政收入/GDP	人均财政收入	财政收入/CDP	人均财政收入	财政收入/GDP	人均财政收入	财政收入/GDP	人均财政收入
地方合计	8.28	598.24	6.59	507.21	7.31	611.54	7.21	662.65	5.27	762.22
东部地区	6.70	733.25	7.09	803.87	8.15	1045.05	7.99	1132.42	8.02	1760.02
中部地区	5.51	303.49	5.36	320.14	5.52	353.01	5.48	381.76	5.54	463.58
西部地区	6.70	294.83	6.77	317.55	7.13	357.35	7.12	389.77	7.19	458.37

资料来源：笔者根据《中国统计年鉴》计算整理。

虽然我国尚未允许地方政府以发行地方政府债券等形式来筹集资金，但一些经济较发达地区的地方政府除了财政税收等预算内收入外，还能通过采取经营城市——通过对国有土地使用权的有偿出让等办法，获得一定的预算外收入。这部分预算外收入和财政预算内收入的比例可以达到 1∶1。西部地区部分经济较发达的大中城市已经开始采用这种方式为地方经济建设筹集资金。其中，在 2004 年有关部门的统计中，四川省的土地出让面积和总金额均已排进了全国前五名的行列。总体上，虽然西部地区的土地出让市场仍与东部沿海经济较发达地区存在较大差距，尤其是在土地出让的规模和价格方面，但从目前形势来看，这的确是西部地区地方财政投资中值得特别关注的一项重要的资金来源。

2. 企业自筹资金

由于我国投资体制改革后，投资主体向多元化方向发展，东部地区非国有经济成分发展较快，对国家投资依赖性小，自我积累和自我发展能力较强，资金积累率普遍高于西部地区。在改革开放过程中，经过了几年的减员增效、改制改造后，西部地区国有及规模以上企业的生产经营状况大为好转，自我积累和自筹资金的能力逐渐增强。

从表 5-5 和表 5-6 中可以看出，在更新改造和房地产开发等投资领域中，企业自筹资金已经成为重要的资金渠道，这一趋势在全国和西部地区都十分明显。

表 5-5　2003 年按资金来源分类的更新改造投资　　　单位：亿元

地区	国家预算内资金	国内贷款	利用外资	自筹资金	其他资金
全国	191.91	1587.97	380.32	6220.94	322.07
西部地区	65.29	366.16	18.82	1146.85	80.21
重庆	4.62	28.18	1.89	80.53	7.65
四川	8.36	70.26	3.46	287.29	11.16
贵州	8.78	35.63	1.45	96.50	4.98
云南	3.79	40.05	0.91	99.48	4.00
西藏	2.83	0.38	—	4.38	2.01
陕西	14.72	43.64	1.69	108.52	10.47
甘肃	7.07	27.61	1.18	118.15	6.55
青海	1.33	6.7	1.20	19.35	7.56
宁夏	1.31	12.99	0.47	26.50	0.91
新疆	4.56	37.22	0.22	79.50	5.62
内蒙古	5.3	29.8	0.81	129.40	8.84
广西	2.62	33.7	5.54	97.25	9.50

资料来源：笔者根据《中国统计年鉴》整理。

表 5-6　房地产开发企业单位的资金来源　　　单位：亿元

地区	国家预算内资金	国内贷款	债券	利用外资	外商直接投资	自筹资金	其他资金来源
全国	11.36	3138.27	0.55	170.00	116.27	3770.69	6106.05
西部	1.84	418.57	0.25	9.88	9.50	666.56	849.98
重庆	0.10	94.95	0.00	4.15	4.12	137.18	185.95
四川	0.02	102.63	0.00	0.66	0.65	180.20	259.71
贵州	0.00	26.01	0.00	0.74	0.70	45.13	59.51
云南	0.01	40.32	0.00	1.04	1.04	38.59	75.35
西藏	0.00	0.90	0.00	0.00	0.00	2.72	0.98

续表

地区	国家预算内资金	国内贷款	债券	利用外资	外商直接投资	自筹资金	其他资金来源
陕西	1.42	56.49	0.00	0.44	0.44	70.85	68.80
甘肃	0.22	14.57	0.04	0.03	0.03	22.50	24.88
青海	0.00	4.20	0.21	0.36	0.36	9.80	8.51
宁夏	0.01	12.46	0.00	0.13	0.13	17.13	22.34
新疆	0.00	20.83	0.00	0.00	0.00	44.84	46.09
内蒙古	0.06	8.30	0.00	0.04	0.04	55.48	20.12
广西	0.00	36.92	0.00	2.30	1.99	42.16	77.75

资料来源：笔者根据《中国统计年鉴》整理。

企业自筹资金的多少不但取决于企业自身融资能力的高低，更主要的是与企业自身的经营效率休戚相关。西部地区国有企业比重相对较高，乡镇企业、外商投资企业等非国有形式比重较小。国有企业的低效率导致西部地区企业整体资金产出比率低，自我积累能力相对不足。因此，立足于自我积累的地方财政投资和企业自筹资金虽然日益成为西部大开发的资金主渠道，但弥补较大的绝对额差距将会是今后较长时期的工作重点，其成效主要取决于地区经济增长的状况。

三、银行和资本市场资金渠道

1. 银行信贷状况

从金融发展的总体情况来看，由于我国西部地区对金融资源的计划性配置存在较强的依赖性，因此西部地区仍对国有商业银行保持着较高的依存度。

总体来看，西部地区的经济现状表现为城乡居民实际收入水平低，非公有制经济发展缓慢。农业是西部地区的主要产业，但农业的产业化经营水平低，农民收入主要来自依赖外界自然因素的种植业和养殖业，整体经济基本上处于一种自给自足的自然经济状态。对西部地区收入不高的城乡居民来说，储蓄的目的是积累从事简单农业生产的资金和应付养老、疾病、教育、婚丧嫁娶等日常生活基本保障支出，因此社会大众对将资金投资于收益较高但风险偏大的生产、流通领域的欲望不强。

1998—2003 年我国东部、中部、西部地区的存款余额年均增长率一直保持比较稳定的速度，并且西部地区存款的年均增长幅度在全国范围内也保持了较高的水平。在贷款余额的年增长率的比较中，东部地区具有明显的优势，东部地区贷款余额的年增长率总体来看比较稳定，而西部地区的贷款余额年均增长率较低，个别年份甚至出现了较大的下滑。另外，从金融机构存、贷款余额的地区对比来看，东部地区要远高于中部、西部地区，占到了全国的60%以上。西部地区的银行信贷渠道虽然在绝对数额上与国民经济保持了基本同步的增长，在整个资金渠道体系中所占的份额也有一定的上升，但增幅有限，对地区经济发展的支持明显低于全国其他地区尤其是东部地区。如表 5-7 所示，2002 年西部地区存贷款余额分别仅占全国总额的16%和17%，甚至低于西部地区在全国经济总量中的比重。

表 5-7　2002 年各地区全部金融机构存贷款余额　　　单位：亿元

年份	全部金融机构各项存款（余额）				全部金融机构各项贷款（余额）			
	全国合计	东部地区	中部地区	西部地区	全国合计	东部地区	中部地区	西部地区
1998	94595.4	60400.5	18759.7	15435.2	81180.0	45366.5	20379.3	15434.3
1999	108099.3	69352.0	21145.1	17602.2	90514.3	52044.4	21499.6	16970.4
2000	122593.1	78433.3	23851.2	20308.6	98343.0	57768.5	23034.9	17539.6
2001	143297.8	92119.7	27622.7	23555.4	110199.7	66315.6	24542.5	19341.6
2002	172862.5	113235.4	32377.9	27249.1	131368.0	81446.6	27751.1	22170.4
2003	219383.5	146611.8	39472.3	33299.4	167531.5	107388.2	33035.8	27107.4

资料来源：笔者根据《中国金融年鉴》（2004）整理。

西部地区由于经济发展水平的限制，仍存在着金融机构存贷款总量偏小，已投放贷款大量沉淀，新增存款有限，新增贷款能力不足等问题。如表 5-8 所示，《中国金融年鉴》显示，1998—2003 年，虽然三大经济区域所获得的银行信贷的绝对数额都在增长，但从各地区在全国信贷总量中的占比来看，东部地区的比重不但继续保持了绝对领先的优势，而且其比重还一直在稳步上升。反观西部地区的信贷总量，仅有同期东部地区的30%左右，不但一直处于最低的位置，而且在全国总量中的比重也在不断下降，甚至还不到东部地区信贷总量的三成。这也从侧面反映了尽管东部地区的投资收益率已趋于下降，但西部地区的经济环境仍然未能对银行信贷资金形成较强的吸引。从已经暴露出来的一些问题来看，西部地区的投资环境较差，企业负债率偏高，资金投资效益低下，已发放的贷款大量沉淀，利息收回困难，商业银行等金融机构普遍将之视为信贷投入的高风险地区，普遍产生了"畏贷""惜贷"心理。这在市场经济的环境中也是一种选择，"厚东薄西"的做法的确无可苛责。

表5-8　1998—2003年各地区全部金融机构贷款余额

年份	全国 （亿元）	东部地区 （亿元）	占全国的 比重（%）	中部地区 （亿元）	占全国的 比重（%）	西部地区 （亿元）	占全国的 比重（%）
1998	81180.1	45366.5	55.88	20379.3	25.10	15434.3	19.01
1999	90514.4	52044.4	57.50	21499.6	23.75	16970.4	18.75
2000	98343.0	57768.5	58.74	23034.9	23.42	17539.6	17.84
2001	110199.7	66315.6	60.18	24542.5	22.27	19341.6	17.55
2002	131368.1	81446.6	62.00	27751.1	21.12	22170.4	16.88
2003	167531.5	107388.2	64.10	33035.8	19.72	27107.4	16.18

资料来源：笔者根据《中国金融年鉴》（2004）整理。

表5-9汇总了在西部地区分布最广、机构网点较多、业务量较大的四大国有商业银行的存贷款状况。其2003年的存贷款余额全国占比也仅为17.57%和18.07%，虽然稍好于全部金融机构存贷款余额的全国占比，但仍反映出银行信贷渠道对西部地区资金支持相对不足的状况。

表 5-9　　2003 年四大国有商业银行存贷款余额　　　　单位：亿元

地区	存款余额	贷款余额
全国	121126.67	88622.51
东部地区	76655.49	54986.15
中部地区	23193.99	17623.51
西部地区	21277.19	16012.85
重庆	2633.87	1940.48
四川	3908.40	2869.86
贵州	1283.79	1150.14
云南	2441.67	1843.01
西藏	297.96	139.33
陕西	2684.40	1985.01
甘肃	1460.69	1060.89
青海	436.54	386.45
宁夏	445.49	419.15
新疆	1951.21	1412.64
内蒙古	1499.33	1218.89
广西	2233.84	1587.00

资料来源：笔者根据《中国金融年鉴》（2004）计算整理。

2. 资本市场状况

西部地区资本市场的发展水平远远低于全国平均水平。以股票市场为例，西部地区由于经济发展速度慢、企业效益差，因而在直接融资中一直处于相对的劣势位置。如表 5-10 所示，根据上海证券交易所的统计数据，截至 2004 年底，西部地区在上海证券交易所上市的公司共 162 家，仅占上海证券交易所上市公司总数的 19.35%，远低于东部地区 502 家上市公司及其在全国总量中所占 59.99% 的比例。深圳证券交易所上市公司托管市值的地区分布也同样反映出西部地区的相对劣势地位。截至 2003 年底，西部地区托管市值金额为 572.12 亿元，仅占全国总额的 11.82%，远低于东部、中部地区。两家证券交易所的年度统计数据均显示出西部地区通过资本市场筹资的相对困境。

表5-10　上海证券交易所上市公司及深圳证券交易所托管市值①地区分布

地区	上海证券交易所上市公司总数（家）	比重（%）	深圳证券交易所托管市值（百万元）	比例（%）
合计	837	100.00	483968.55	100.00
东部地区	502	59.99	359578.26	74.30
中部地区	173	20.67	67178.46	13.88
西部地区	162	19.35	57211.83	11.82
四川	35	4.18	15930.02	3.29
新疆	21	2.51	6783.30	1.40
内蒙古	16	1.91	1800.14	0.37
陕西	16	1.91	9284.89	1.92
重庆	14	1.67	7844.42	1.62
云南	13	1.55	3844.52	0.79
甘肃	11	1.31	2821.85	0.58
广西	10	1.19	4724.33	0.98
贵州	10	1.19	1906.06	0.39
青海	6	0.72	848.01	0.18
西藏	6	0.72	119.02	0.03
宁夏	4	0.48	1305.27	0.27

资料来源：笔者根据《上海证券交易所市场资料》（2004）、《深圳证券交易所市场统计年鉴》（2003）整理。

此外，西部地区的债券发行量以及债券交易规模也远远落后于全国平均水平。我国债券市场起始于 1981 年的国债发行，经过 20 多年已经发展到相当的规模。20 世纪 80 年代中期，我国债券发行余额（包括政府债

---

① 托管市值仅限于 A 股和基金。

券、金融债券和企业债券）仅为 240 多亿元，到 2007 年底在中央国债登记结算公司存管的债券余额就已经达到了 12 万亿元。西部地区债券市场虽然与全国同时起步，但其发展水平却远远落后。

四、引进外资现状

在吸引外资方面，西部地区具有一些独特的优势，如劳动力价格优势、土地资源和能源优势等，这在吸引外资发展地区性的劳动密集型和资源密集型产业等方面显得尤为突出。西部地区利用外资的增长速度已经快于东部地区，但总体来看我国吸收的外商投资仍然主要分布在东部沿海地区，西部地区吸收外资的数量在全国吸收外资总额中所占的比重仍然较小。

实行对外开放以来，我国引进的外资主要集中在东部沿海地区，西部 12 省区市实际利用外商直接投资总额甚至还低于广东一省的数额，这一状况至今仍未有改变。鼓励外国直接投资和利用国际贷款是国家西部大开发中开拓资金渠道的重要举措，但境外资金的流入遵循的是市场规律，其最基本的特征就是逐利性，境外资金将根据投资回报率的高低选择其投资的地区和行业。尽管现在国家对西部地区引进外资的政策已经有了很大倾斜，但受到西部地区投资环境尚不够完善以及企业吸收外资能力有限等因素的制约，境外资金进入西部地区的数量仍然大大落后于东部、中部地区。由于境外资金的市场趋利性，在未来相当长的时间里，相对于经济发展水平低、地广人稀、城市交通等基础设施比较薄弱的内陆地区，东部沿海仍然是比较集中的投资热点地区。如表 5-11 所示，截至 2003 年底，东部地区实际利用外资总额 5041.46 亿美元，占全国总额的 84.14%；中部地区为 636.58 亿美元，占全国总额的 10.62%；而西部地区仅为 313.86 亿美元，占全国总额的 5.24%。2003 年，东部地区实际利用外资 453.86 亿美元，占当年实际利用外资总额的 85.73%；中部地区为 58.31 亿美元，占全国总额的 11.01%；而西部地区全年共吸引外资仅 17.22 亿美元，仅为全国总额的 3.25%。

表 5-11　东部、中部、西部利用外资状况　　　　单位：亿美元

地区	截至 2003 年底实际利用外资总额	2003 年度实际利用外资
全国	5991.90	529.39
东部地区	5041.46	453.86
中部地区	636.58	58.31
西部地区	313.86	17.22

资料来源：笔者根据《中国统计年鉴》计算整理。

　　西部地区在吸收外商投资的数量方面，虽然与全国平均和中部、东部地区尚存在巨大差距，但其增长速度已开始超过全国平均和东部地区。2002 年，西部地区实际利用外资比 2001 年同期增长了 27.83%，明显高于东部地区 11.62% 的实际利用外资的增长速度。同时，西部地区在吸引国际贷款方面也有巨大成就。《中国投资年鉴》数据显示，西部地区 12 省份已经与众多国际金融组织和国外金融机构达成了贷款协议。例如，亚洲开发银行已承诺在未来 5 年内向西部地区提供 8 亿美元的贷款用于治理西部沙漠化问题；2001 年，宁夏与日本国际协力银行签署了利用 62.5 亿日元贷款用于风沙区的生态治理；四川利用亚洲开发银行和世界银行的贷款建设自来水、高速公路、污水处理等项目；云南利用 676.6 万英镑的援助资金用于中英合作云南环境发展与扶贫项目开发；此外，整个西部地区 2001 年利用日元转贷款占中国进出口银行总协议金额的 40%，有 800 多亿日元。从发展趋势来看，外资渠道正在日益成为支持西部地区经济发展的主要资金渠道之一。

五、其他资金渠道

　　其他投资渠道包括国内的私人投资、其他地区企业对西部地区的投资和地区之间的资金横向流动等。在国家财政投资比重逐步缩小、银行信贷和资本市场资金西进的渠道并不畅通的情况下，由东部地区直接向西部地区进行投资的资金横向流动渠道便显得尤为重要。这部分资金正逐渐成为西部地区的主要资金来源之一。目前，跨地区投资正呈现快速增长势头，

广东、上海、福建等东部沿海发达省市已把到区外投资建厂作为开拓市场的主要方式。

1994年实施的"八七扶贫攻坚计划"就做出了由东部发达地区对口支援帮扶西部经济欠发达地区的安排,包括北京帮扶内蒙古,天津帮扶甘肃,上海帮扶云南,广东帮扶广西,江苏帮扶陕西,浙江帮扶四川,山东帮扶新疆,辽宁帮扶青海,福建帮扶宁夏,深圳、青岛、大连、宁波帮扶贵州,以及全国支援西藏的对口帮扶安排。

由于统计口径的原因,目前尚不能准确地判断东部地区向西部地区投资的资金总量,但从未来的发展趋势来看,正如同海外资金是东部地区经济发展的主要资金来源一样,东部地区的投资也将成为西部大开发的主要资金渠道之一。

第二节　西部大开发第一阶段西部地区资金渠道存在的问题

一、国家财政投资渠道存在的问题

改革开放以来,企业和居民个人投资在全社会固定资产投资中所占份额不断上升,而国家财政投资的份额则不断下降,政府作为投资主体的地位已大不如前。在全社会固定资产投资的资金来源中,国家预算内资金的比重不断下降。表5-12表明,中央项目投资的增长速度十分缓慢,比重不断下降,2003年甚至出现了较大幅度的负增长。1995—2003年,中央项目投资整体上呈同比下降态势,而地方项目则出现了同比增长的趋势。

表5-12　按隶属关系分类的基建投资　　　　　单位:亿元,%

年份	中央项目	增幅（上年＝100）	地方项目	增幅（上年＝100）
1995	2970.67	—	4432.95	—
1996	3376.28	13.65	5194.50	17.18
1997	3858.22	14.27	6058.80	16.64

续表

年份	中央项目	增幅（上年=100）	地方项目	增幅（上年=100）
1998	4122.92	6.86	7793.51	28.63
1999	4046.79	−1.85	8408.49	7.89
2000	4290.92	6.03	9136.35	8.66
2001	4399.47	2.53	10420.63	14.06
2002	4528.49	2.93	13138.13	26.08
2003	4147.48	−8.41	18761.12	42.80

资料来源：笔者根据《中国统计年鉴》整理。

改革开放后，中央政府施行了放权让利的改革措施，使中央财政收入占国内生产总值的比重大大降低。虽然随着国民经济的发展和国家财政系统的完善，国家和中央财政收入有了较大幅度的增长，但其在整体经济中所占的比重仍然较低。如表5-13所示，2003年中央财政收入在国内生产总值中的占比也仅为10.12%，国家财政收入在GDP中所占的比重也一直处于20%以下。这表明中央政府所能掌握和支配的资金资源明显不足，整个社会投资的资金来源呈分散化的态势。公开数据显示，2003年，在全国固定资产投资的资金来源中，国家预算内资金仅为2688亿元，仅占全国固定资产总投资额的5%左右，2003年整个西部12省份的全社会固定资产投资总额达到了10834.5亿元。因此，整体来看，自家财政、中央财政的投资份额仅是全社会资金渠道中的一小部分，即使将这部分资金全部投入西部地区，也不能完全满足西部大开发的资金需求。

表5-13 政府财政收支状况　　　　单位：亿元，%

年份	财政收入	中央财政收入	CDP	财政收入占GDP的比重	中央财政收入占GDP的比重	财政支出	财政资金缺口	政府债务
1989	2664.90	822.52	16909.2	15.8	4.86	2823.78	158.88	407.97
1990	2937.10	992.42	18547.9	15.8	5.35	3083.59	146.49	375.45

续表

年份	财政收入	中央财政收入	CDP	财政收入占GDP的比重	中央财政收入占GDP的比重	财政支出	财政资金缺口	政府债务
1991	3149.48	938.25	21617.8	14.6	4.34	3386.62	237.14	461.40
1992	3483.37	979.51	26638.1	13.1	3.68	3742.20	258.83	669.68
1993	4348.95	957.51	34634.4	12.6	2.76	4642.30	293.35	739.22
1994	5218.10	2906.50	46759.4	11.2	6.22	5792.62	574.52	1175.25
1995	6242.20	3256.62	58478.1	10.7	5.57	6823.72	581.52	1549.76
1996	7407.99	3661.07	67884.6	10.9	5.39	7937.55	529.56	1967.28
1997	8651.14	4226.92	74462.6	11.6	5.68	9233.56	582.42	2476.82
1998	9875.95	4892.00	78345.2	12.6	6.24	10798.18	922.23	3310.93
1999	11444.08	5849.21	82067.5	13.9	7.13	13187.67	1743.59	3715.03
2000	13395.23	6989.17	89468.1	15.0	7.81	15886.50	2491.27	4180.10
2001	16386.04	8582.74	97314.8	16.8	8.82	18902.58	2516.54	4604.00
2002	18903.64	10388.64	105172.3	18.0	9.91	22053.15	3149.51	5679.00
2003	21715.25	11865.27	117251.9	18.5	10.12	24649.95	2934.70	6153.53

资料来源：笔者根据《中国统计年鉴》整理。

而且，在积极的财政政策的引导下，中央财政赤字经历了一个快速上升的阶段，1998 年中央财政赤字仅为 960 亿元，到 1999 年中央财政赤字迅猛地增长到 1797 亿元，增加了 87.19%，将近翻了一番。随后，中央财政赤字进入了缓慢增长阶段，增幅逐渐回落，2000 年的中央财政赤字为2299 亿元，2001 年为 2598 亿元，2002 年为 3098 亿元①，2003 年为 3198亿元。以上数据从侧面反映了中央政府淡出积极的财政政策的意图。因此，在西部大开发中，依赖国家财政投资的资金渠道中的资金短缺问题势必会进一步加剧。

此外，从国家财政投资在西部地区实施的实际情况看，其投资范围仍

---

① 1998—2001 年数据来源：邓仕礼．援助西部落后地区的财政策略 [J]．重庆工商大学学报，2003（4）；2002 年数据根据相关资料推算。

然显得比较宽泛。其中，既有对公共物品的投资，如对国防、公共基础设施、基础教育、公共卫生和医疗服务、生态治理和环境保护等方面的投资，也有对高新技术产业、主导产业、瓶颈产业和加工制造业的投资；既有中央政府的自身建设，也有对地方投资项目的补贴和对不发达地区的转移支付。这种大范围的撒网式的投资形式，使本就不多的国家财政资金在实际使用中更显得捉襟见肘。

二、对传统的银行信贷依存度过大

信贷依存度是反映银行等金融机构对地区经济发展的支持力度的重要指标，同时也反映了银行信贷与实体经济发展之间的联系程度。我国三大地区的信贷依存度水平并不相同，一般来说东部经济较发达地区的信贷依存度稍高且比较稳定。下面就以东部、中部、西部地区 1998—2003 年全部金融机构各项贷款余额与地区国内生产总值的比值来衡量各地区的信贷依存度水平及其变化趋势。

从表 5-14 和表 5-15 可以看出，我国东部地区经济发展的信贷依存度水平总体上要高于中部、西部地区。东部地区市场发育程度远高于中部、西部地区，由此推动了东部地区经济的结构调整，相应地推动了东部地区金融结构的调整，从而反过来又促进了东部地区经济的高速增长，这不仅体现在量的方面，更体现在质的方面。东部地区已经进入经济发展的良性循环阶段，银行信贷作为主要的资金补充方式之一，其作用也基本保持稳定。

表 5-14 1998—2003 年各地区 GDP 与贷款余额　　单位：亿元

年份	国内生产总值				全部金融机构各项贷款（余额）			
	全国合计	东部	中部	西部	全国合计	东部	中部	西部
1998	82780.3	46211.5	21921.4	14647.4	81180.1	45366.5	20379.3	15434.3
1999	87553.1	49611.0	22588.2	15354.0	90514.4	52044.4	21499.6	16970.4
2000	97209.4	55689.6	24865.2	16654.6	98343.0	57768.5	23034.9	17539.6

年份	国内生产总值				全部金融机构各项贷款（余额）			
	全国合计	东部	中部	西部	全国合计	东部	中部	西部
2001	106766.3	61393.2	27124.7	18248.4	110199.7	66315.6	24542.5	19341.6
2002	118020.7	68289.1	29650.7	20080.9	131368.1	81446.6	27751.1	22170.4
2003	135539.2	79283.4	33301.1	22954.7	167531.4	107388.2	33035.8	27107.4

资料来源：笔者根据《中国统计年鉴》《中国金融年鉴》整理。

表 5-15 1998—2003 年全国及各地区的信贷依存度　　　单位:%

年份	全国平均	东部地区	中部地区	西部地区
1998	98	98	93	105
1999	104	105	95	111
2000	101	104	93	105
2001	101	108	90	106
2002	108	119	94	110
2003	117	135	99	118

资料来源：笔者根据表 5-14 计算。

在信贷依存度指标方面，西部地区与东部地区的差距开始逐渐拉大，这一现象值得我们关注。西部地区的金融发展程度较低，地区投资环境尚未真正得到彻底改善，直接融资能力偏低，引进外资等其他融资渠道并不畅通，计划色彩较强的国家财政投资和银行信贷仍是西部地区经济发展的主要资金渠道。然而，信贷依存度指标相对较低既说明了信贷资金的流动趋向东部地区，同时也显示出西部地区存在着信贷资金使用效率逐渐降低的隐忧。2003 年，全国及各地区的贷款余额增幅均超过了 GDP 的增幅，这表明各地区银行信贷对经济增长的促进作用正在减退，同时潜在的通货膨胀风险正在形成。

具体考察投资中信贷资金所占比例可以发现，西部地区在实际投资中对银行信贷的过分依赖。从 1993 年以来的统计资料水平关于西部地区基本建设投资的资金来源情况来看，银行贷款一直占总资金来源的 27% 以上，远高于同期东部地区水平和全国平均水平。如表 5-16 所示，2003 年西部地区的银行信贷占比仍在全国位居前列。这在一定程度上反映出西部地区对银行信贷过分依赖的状况。

表 5-16　2003 年各地区基本建设投资的资金来源比例　　　单位：%

地区	国家预算内资金	国内贷款	利用外资	自筹资金	其他资金
全国平均	9.22	26.91	5.42	49.31	9.15
东部地区	5.14	25.20	7.98	55.50	6.18
中部地区	9.81	24.90	3.53	47.23	14.54
西部地区	15.12	28.96	1.99	42.49	11.44

资料来源：笔者根据《中国统计年鉴》整理。

对银行贷款过分依赖的投资结构，会导致企业的资产负债率过高，增加利息支出，加大生产经营的成本，最终导致企业或项目的经济效益低下。目前西部地区的银行贷款普遍沉淀严重，就连贷款利息的回收都十分困难，西部地区潜在的金融风险很大。再加上前几年银行信贷出现了"超常规发展"的趋势，虽然在一定程度上降低了银行不良资产率，但通过与同期国内生产总值的比较，实体经济并没有跟上银行信贷增长的步伐，因此在未来一段时期内仍不能排除由于新增不良贷款而导致的不良资产率高企的潜在风险。

三、引进外资存在的问题

地区经济对外开放程度的高低与该地区对外资的吸引力之间存在着一定的正相关关系。一般而言，对外开放程度越高，吸引外商投资的能力就越强。西部地区的对外开放程度偏低，西部地区 12 省份中，进出口总额占 GDP 的比重除陕西、新疆、西藏大于 10% 外，其余地区均不足 10%。西部 12 省份的外商直接投资总额也仅占全国外商直接投资总额的 3.47%。西部地区的对外开放程度严重制约了当地的投资环境，外资进入时在很多领域受到了人为的市场准入限制，如金融、电信等被高度垄断的行业，外资一般是很难进入的。

改革开放以来，我国在吸收外商投资中一直比较重视生产型投资，外资的引进主要集中在工业领域，第一产业和第三产业利用的外资较少。以2002年为例，第二产业实际利用外资373.81亿美元，比2001年增长了17.85%，占当年我国实际利用外资总额的70.87%，处于绝对优势地位。从近几年我国批准签订吸引外资协议的分行业统计来看，西部地区急需发展的农业、能源、交通等基础产业所占的比重仍然偏低，而初级加工业、房地产业所占比重则相对偏高。

近几年，随着土地价格和劳动力成本的提高，东部地区正在进行产业结构的调整和升级，着重发展高新技术产业，发展高附加值、高效益、高水平的项目，发展能够参与国际竞争与交换的外向型经济，而一般的初级加工业和劳动密集型产业正在逐步向内地以及向西部地区转移。在地区经济发展的过程中，将引进的外资用于生产性、技术性或基础设施建设等项目，对地区经济的发展和出口贸易的增长产生极大的促进作用。从外商在西部地区投资的行业来看，生产型项目居首位，约占75%，大多数为规模不大的劳动密集型和资源密集型加工项目；其次为房地产业、服务业和农业，资本密集型和技术密集型的项目比重偏少。此外，外商投资项目普遍存在一个共同的特点就是金额小、投资回收期短、风险小、短期经济效益显著。然而，西部地区迫切需要优先发展的能源、交通等基础行业由于投资数额较大、建设周期长、利润率低，外商投资很少涉足。

在改革开放初期，为大量、快速引进外资，我国对东部沿海地区制定了大量的优惠政策，而随着对外开放程度的提高，开放区域的扩大，以及加入世界贸易组织后国际形势的要求，西部地区出台的地方优惠政策已经逐渐丧失了特殊的意义。因此，在"普惠制"的大背景下，受到当地经济环境的制约，西部地区对外资的吸引力在短期内仍然无法得到根本性的提高。

第三节　西部地区资金渠道建设中的政府角色再定位

综合前面两节的内容，西部地区资金渠道建设的现状用"资金匮乏"来概括，资金渠道建设的核心问题概括起来就是"引资困难"。按照现代西方经济学的基本理论，完美条件下资源配置最有效的方式莫过于市场机制。然而，现实条件总是不完美的，正是在市场机制的作用下，造成了西部地区资金短缺和引资困难的状况。对于西部地区来说，市场机制并非一直有效，同样存在市场失灵的状况，资金供给在一定程度上正是一个典型的例子。要化解市场失灵的状况，则不可避免地要涉及一个关乎指导思想的重要问题——政府角色的定位。

市场失灵必须借助于政府的干预，而由于公共选择和政府寻租的存在，政府干预又不可避免地会出现政府失灵的问题。前面的各章节已经从不同的角度论证了西部大开发中资金渠道建设的重要性，而处理好资金渠道建设过程中的政府和市场的关系又至关重要。

一、西部大开发资金渠道的建设不能单纯地依赖市场的力量

西部经济发展中资金局限的原因主要在于：

1. 西部地区自身资金积累能力差

从政府方面来看，西部由于地方经济不发达，税基弱，财政长期入不敷出，政府储蓄也极为有限。从行业方面来看，西部农业基础薄弱，工业不发达且亏损严重。从企业数量来看，无论从绝对数还是从相对数比较，西部均远低于东部。从居民方面来看，由于西部地区是我国经济欠发达地区，无论是城镇居民还是农村居民，其人均可支配收入均低于全国平均水平，部分地区的居民收入尚处于维持生计的水平，储蓄能力相当微弱。

2. 政府投入不足

从1978年以后的统计资料可以看出，我国区域经济增长呈现明显的

"东快西慢""南强北弱"的格局。东部地区经济增长对全国经济总量的贡献率始终呈上升趋势，而西部地区则一直呈下降趋势。根据边际收益率原则，资本总是谋求最高的边际收益率，政府资金也不例外，尽最大可能保证对东部地区资金的充分供应，这种投资分配使东部地区在强有力的资金支持下推动并支撑了全国经济的高速增长。与此同时，由于投资的乘数效应，我国东部地区与中西部地区的差距呈不断扩大的趋势。

3. 自有资本形成不足

在市场经济条件下，民间资本应作为市场投资的主体，但在我国西部开发的民间投资中，却存在着两个关键性的约束：第一，资本在全国范围内自由流动的现实性。由于西部地区的预期收益率低和投资风险相对较高，除政府投资之外的民间投资似乎只有在高收益率地区（东部沿海）投资，当饱和、回报率下降到临界点以下，投资才可能向西部地区转移。第二，本地民间资本的形成。如何动员本地民间资本留在本地市场，并发挥应有的效率，也是一个难题。

4. 利用外资能力差

与东部地区相比，西部地区基础设施薄弱，交通、通信、信息产业不发达，开放程度低，投资环境不够理想。虽然西部地区在利用外资方面也取得了一定成绩，但实际利用外资的数量大大低于东部地区，而且直接利用外资比例低，利用外资的质量不高。

5. 资金外流

我国东部地区经济发展快，投资环境优于西部地区，资本的边际效率高于西部地区，投资风险整体上低于西部，而且分散风险的途径多，因而西部地区资金通过各种途径向东部地区流动已成为社会资金流动的基本趋势。例如，信贷资金通过上存资金、资金净拆出、金融机构直接向东部企业贷款等渠道外流，占到西部地区信贷资金的10%以上。此外，资本市场的东西差距，也使资金通过资本市场更多地向东部聚集，加大了西部的"资金缺口"。

从以上分析中可以看出，在西部资金渠道局限上主要存在两个问题：第一，从政府资金投入来看，中央政府资金投入比较明显地向东部倾斜，而地方政府资金积累又受到地区经济发展落后的制约，增长缓慢；第二，从资金的市场运动来看，在资金追求高回报的动机下，西部经济发展不仅很难得到外资和区域外资金的支持，而且本身有限的资金还流向区域外，导致资金缺口加大。

按照经济学原理，各种要素投入的回报率主要取决于要素投入产出的投资环境，而投资环境主要包括投资的政治环境、社会环境、市场环境等。投资的政治环境、社会环境主要包括政局是否稳定，政府是否廉洁、高效，法制是否公开、透明，政府是否推行优惠的产业政策、税收政策、金融政策等，社会各界对外来投资、人才流入的接纳度和相关政策等。市场环境主要包括投资的市场前景、信息通信、交通运输等基础设施状况。从目前各方面条件看，西部地区的投资环境远远不及东部地区，甚至有分析认为目前在西部地区投资的收益只及东部地区的 1/5。①

上述情况已经证明了单纯依靠市场机制在现实条件下是不可能吸引资金、人才、技术等生产要素向西部地区迁移的。唯市场机制有效的指导思想必然导致东部地区各种资源越来越丰富，西部地区的"贫血"现象越来越严重，东西部差距越来越大。

西部大开发应当以市场机制为基础，但同时也要避免陷入"市场万能论"的陷阱之中。诚然，市场机制是目前效率最高的经济运行体制，其本质在于充分调动经济个体的私利和潜能，通过优胜劣汰的竞争去追逐利润。但不可否认的是，市场机制在促进经济高速发展的同时，也带来了周期性经济危机、国家区域间巨大的贫富差距及一系列社会不平衡所导致的尖锐矛盾与冲突。这种状况在西方发达国家的发展进程中已经得到了充分的验证，是不以人的意志为转移的市场经济发展的客观规律。

在区域经济的发展中，不同经济发展程度的区域所处的地位是不同

---

① 陈国阶. 西部大开发的宏观战略定位问题［J］. 科技导报，2002（12）.

的，贫困区域自身的条件导致其处于相对劣势，贫困区域的利益在区域间非均衡发展中容易被忽视，贫困区域的发展进程往往容易受到损害。1953年，美国经济学家纳克斯在《不发达国家的资本形成问题》一书中揭示了发展中国家在宏观经济中存在着供给和需求两个循环。他认为，从供给方面来看，低收入意味着低储蓄能力，低储蓄能力会引起资本形成的不足，资本形成不足使生产率难以提高，低生产率造成低收入，这样周而复始，完成一个循环。从需求方面来看，低收入意味着低购买力，低购买力会引起投资引诱不足，投资引诱不足使生产率难以提高，低生产率又造成低收入，这样周而复始又完成一个循环。两个循环相互影响，使经济情况无法好转，经济增长难以实现，这就是著名的"贫困恶性循环论"。该理论虽然是对发展中国家经济不发达原因的解释，但是，就一个国家区域经济发展而言，也是比较贴切的。

改革开放以来，虽然西部地区取得了长足的进步，但是，总的来看，西部地区不仅改革开放滞后，而且市场经济基础欠缺。从西部地区的投资环境来看，无论是硬件环境还是软件环境上都不尽如人意。在硬件环境方面，基础设施普遍落后，加上地域辽阔、地理条件恶劣、城市间距大，基础设施远远不能适应市场的要求。在软件环境方面，市场不配套、未成体系，资本市场、技术市场发育较差，市场信息不灵，市场运行的法律和规则还不健全。在这样的背景条件下，仅仅通过市场的力量来构建西部经济发展的资金渠道无异于缘木求鱼。

二、构建西部大开发的资金渠道不能单纯依赖政府

政府在西部大开发中的作用是不容置疑的，但这种作用的发挥又是有条件的。在西部大开发的资金渠道建设中单纯依赖政府行为，有可能会导致以下问题：

第一，政府的直接投资是需要财力支持的，改革开放以来，由地方、企业和个人掌握的国民收入比重不断扩大，中央财政的财力在逐步释放。1978年，国家财政收入占国内生产总值的比重为31.2%，到1998年下降

为 12.4%。目前国家预算内投资占全社会投资的比重已由过去的 70%～80%，下降到只有百分之几，这块"小蛋糕"，即使切一大块给西部地区，也缓解不了西部大开发的巨额资金需要。而且，由于国内外经济形势的变化，许多更为迫切的发展难题使财政政策的主要目标指向被迫调整，中央财政用于支持西部地区的能力受到限制：一是为确保国家经济保持适度增长，财政政策需要在刺激投资、启动消费等方面充当主角；二是为规避国民经济运行风险和弥补改革过程中政策不完善造成的金融体系缺陷，财政需在调整政府与银行经济关系中发挥更大作用；三是由于"下岗"现象的普遍化，为维护社会稳定，需要中央和地方财政对下岗职工和贫困人口给予扶持。以上各因素将明显分化中央财政的投资取向，国家财政调整区域间发展不平衡的实施力度必然放小，节奏势必放缓。这样，西部地区依靠中央政策倾斜发展的战略必将受到限制。这意味着，在这种利益分配格局下，指望用中央财政预算内税费收入来解决西部大开发的资金问题，无异于杯水车薪，因此单纯期望用财政投入的方式来构建资金渠道是不现实的。

第二，区域经济发展的不平衡属于市场失灵，仅靠市场自身难以解决，需要政府行为去弥补，以实现地区经济发展的平衡。然而，这种平衡的实现必须建立在落后地区经济效率不断提高的基础之上，否则，区域经济发展的不均衡将不可能从根本上得到缓解。靠国家大量投资及政策倾斜，除具有投资资金有限、投资项目具有选择性、投资方向单一等问题外，其最大的弊端在于西部地区自身若没有良好的金融环境，大量的财政投资仍不能保证西部经济持续地发展，只能是解一时之需。在这种情况下，大量财政投资是低效率的、无价值的，是资源的巨大浪费，只相当于给西部地区"输血"，治标不治本，最终血本无归。

第三，通过公共选择理论和寻租理论得知，政府并不是一个万能的、仁慈的机构。当我们把经济学理论中的"理性经济人"假定应用于政府时，便不能奢望政府能够超越经济运行之外而外在地提供市场经济运行所需要的制度安排。

在西部大开发的资金渠道建设中，如果单纯地依赖政府的力量，一方面将限制市场机制的运作，另一方面会因为政府失灵而导致更加严重的问题。

总之，开发西部没有政府的组织、帮助、引导是不行的，政府的政策和投资是先期性的、引导性的和非永久性的；不发挥市场在资源配置中的作用也是不行的，市场的作用是跟进性的、基础性的和持续性的。政府和市场的功能应该是相互补充的。

因此，我们主张在西部大开发的过程中，必须坚持以市场机制为基础、以宏观调控为主导、以政府投资为先导、以商业资本为趋势的开发机制。

为走出"富者愈富、穷者愈穷"的怪圈，避免西部地区陷入无止境的"贫困陷阱"，政府宏观调控作为市场机制"看不见的手"之外的另一股强有力的力量，有责任承担起协助西部地区走出"贫困陷阱"的义务。特别是对于西部大开发中的资金需求，应当充当起投资先导的角色，借助政府财政直接支出、政策性金融机构、转移支付等多种手段，优先满足西部发展急需的资金要求。通过先期投资带动西部地区整体投资环境的提升，为后续商业资本的进入创造必要的基础性条件，这正是政府主导的含义所在。

政府的主导作用在初始阶段对于西部大开发具有举足轻重的决定性作用，但与此同时也应清醒地认识到，西部大开发的资金需求是极其庞大的，显然不可能完全依靠国家财政投资渠道来解决，而且国家财政投资在根本上也只能对地区经济的发展起到引导和推动作用。因此，在强调政府主导的基础上，也要避免矫枉过正所带来的"政府万能论"。目前，全国经济高速增长，各地区的投资需求都很大，在资金总量有限的情况下，国家财政投资对地区经济发展的扶持力度很难有更大的突破。从东部地区经济发展的实践来看，国家财政投资在全社会总投资中所占的份额将不可避免地呈下降趋势。因此，区域经济发展的主要资金渠道应是依靠自我积累的内源融资和基于自身经济能力基础的、依靠市场力量的外源融资。在市场化的外源融资渠道中，主要的类型有通过商业银行媒介的间接融资渠道和通过资本市场进行的直接融资渠道。

三、政府应当充分发挥作用

中华人民共和国成立以来，特别是改革开放以来，我国各个地区的经济都得到了不同程度的发展，但东部地区由于有较好的经济基础和有利的地理环境，加上国家实行向沿海倾斜的政策支持，其发展比中西部地区更快一些，地区经济发展出现了不平衡状况：东部经济发展迅猛，比较富裕；中西部发展缓慢，相对落后。东部地区和中西部地区的差距出现了加大的趋势。因此，正确认识、处理、解决地区经济发展的不平衡，不仅是一个关系到现代化建设全局的问题，也是关系到全国各族人民切身利益和民族团结的大问题。

支持中西部地区的开发建设，促进地区间的协调发展，是我们党经济工作的一个重要方针。20 世纪 50 年代，毛泽东在《论十大关系》中就强调，要处理好沿海工业和内地工业的关系。邓小平根据我国各地区的特点和条件，首先提出了"让一部分地区、一部分人先富起来，最终实现共同富裕"的政策。他运用唯物辩证的发展观来思考、处理地区间的发展关系问题，他认为东部沿海地区经济基础较好，交通和地理环境优越，应当充分利用有利条件，先发展起来，然后带动和支持其他地区的发展，从而使全国各地区都能比较快地发展起来。邓小平认为"这是一个大政策，一个能够影响和带动整个国民经济的政策。"1988 年 9 月邓小平提出了"两个大局"战略构想，他说："沿海地区要加快对外开放，使这个拥有两亿人口的广大地带较快地先发展起来，从而带动内地更好地发展，这是一个事关大局的问题。内地要顾全这个大局。反过来，发展到一定时候，又要求沿海地区拿出更多的力量来帮助内地发展，这也是个大局。那时沿海也要服从这个大局。"①

---

① 《邓小平文选》第三卷［M］．北京：人民出版社，1993.

邓小平提出的"部分先富、共同富裕"的区域发展战略是"两个大局"思想的集中体现，其发展重点是东部地区，并使之成为中国经济的增长点，然后带动西部地区发展。这一战略造就了带动国民经济整体增长的经济核心和增长极，并通过体制转换、结构优化、发展示范和技术扩散等一系列传递、扩散机制和示范效应，促进了国民经济的高速增长。与此同时，东西部各方面的差距也明显拉大，这种差距的存在已经不是经济发展阶段理论假设下可以忽略的因素，它会实际地阻碍经济的发展，还可能引发一系列政治、社会、民族危机，破坏国家的统一与社会的安定。

我国东部地区经过了近 30 年政策扶植下的高速发展，经济水平已远超中西部地区。我国社会生产力上了一个大台阶，"两个大局"战略中"第一个大局"的战略目标已基本实现，全国基本上达到了小康。在东部地区已经踏上经济发展的"高速列车"且具备足够经济实力，而西部地区仍深陷发展泥潭的现状，加快中西部地区发展的条件已经基本具备。按照邓小平的设想，是到了实施"第二个大局"战略的时候了，即要求沿海地区拿出更多的力量来帮助内地发展阶段。

正是在这样的历史背景下，西部大开发战略应运而生。加快西部大开发，对推进全国的改革和建设、保持党和国家的长治久安是一个全局性的发展战略，具有重大的经济意义、政治意义和社会意义。坚持区域经济协调发展，逐步缩小地区发展差距，成为我国区域经济发展的指导方针。西部大开发战略是这一区域政策的延续与发展，标志着我国区域经济政策的重大调整，也标志着我国发展战略重点的西移。

东部地区长期的高速发展在很大程度上是以西部地区的牺牲为代价的。无论从资金、政策、人才还是技术等方面，西部地区都对东部沿海地区的经济发展做出了不可磨灭的巨大贡献。因此，当对西部地区进行重点建设时理应得到东部地区的大力支持。然而，不同的历史时期赋予了区域经济发展不同的外部环境。改革开放之初，全国经济基本处于一个水平线，为实现"部分先富、共同富裕"的战略目标，包括西部地区在内的全国广大地区集全国之力，在中央特殊政策扶植的基础上，向东部地区输送了大量的各类资源。从某种意义上说，我国沿海地区的发展成就是举国建设的成果。

西部地区的发展，照搬东部地区的做法肯定是行不通的，不仅因为东西部地区的自然资源、历史文化、科技教育等因素存在很大的差异，而且经济开发的起点和面临的国内外环境也有了很大变化。当西部地区需要寻求东部地区支持的时候，恰逢全国各地经济开发的高峰期。一时间东部、中部、西部地区的各种经济开发区如雨后春笋般林立而起，珠江三角洲、长江三角洲、环渤海三角洲等区域性经济开发区迅速壮大。因此，造成资金缺口急剧放大，已获得大量资金支持的东部地区也需要大量资金进一步发展，而相对落后的西部地区在资金运用效率、投资环境、优惠政策方面同东部地区相比毫无优势，若放任市场力量作用，必然导致东部、西部地区两极差异的进一步扩大。

加快西部地区的开发与发展，彻底解决西部地区人民的温饱问题，缩小东西部差距，进而实现小康和走向富裕，不仅是一个经济问题，而且是一个重大的政治问题。没有西部地区的小康，就没有全国的小康；没有西部地区的现代化，全国现代化就不完整。

在这样的历史背景下，政府不能单纯地从经济利益角度出发，片面追求短期资金回报率，而是要承担起时代赋予的社会责任，坚决服从"两个大局"的思想，从社会公平的角度大力支持西部地区的发展，努力缩小西部地区同东部地区的差距，尽早实现共同富裕的战略目标。

政府在西部大开发过程中的职责，不仅体现在初期的引导示范作用和单纯的政策优惠，更体现在后续发展过程中持续性的、行之有效的扶植手段与措施上。作为有昔日"第二财政"之称的四大国有银行、三大政策性银行，在西部银行信贷依存度水平居高不下的条件下应当承担更多的社会责任，为缓解西部地区日益紧张的资金问题贡献更大的力量。

此外，广大国有企业也不应单纯关注于短期利润，而应更多地服务于国家长期宏观发展战略，通过更多地在西部地区设厂、加强与西部地区的业务往来，间接地将先进的技术、人才乃至资金输送到西部地区，协助西部地区的经济尽快地走上腾飞之路。

正如党中央在《"十五"西部开发总体规划》中所提出的，在西部大开发的过程中，要把发挥市场作用同加强宏观调控结合起来，要充分发挥市场配置资源的基础性作用，深化经济体制改革……同时注意发挥政府宏观调控的重要作用，对西部地区实行重点支持，为开发创造良好的体制环境和政策环境。这正是西部大开发和资金渠道建设过程中应当坚持的政府角色定位。

综上所述，站在全社会经济发展的宏观角度来看，一方面，从本质上讲，西部大开发本身就是对市场机制在区域经济协调发展上的一种修正，故没有理由迷信所谓的"市场万能论"；另一方面，又要清醒地认识到，在宏观调控的同时防止政府过度大包大揽，避免陷入"政府万能论"的深渊。特别是在"两个大局"战略思想的指导下，政府应勇于承担历史赋予的社会责任，借助各种辅助手段，从西部大开发的大局出发，对西部经济发展给予特殊的扶植。

第六章 金融支持与资金渠道建设的国际经验借鉴

从全球的经济状况来看，地区经济发展的不平衡是一个普遍现象。为了促进不发达地区的发展，世界各个国家和地区以及国内经济较发达的东部地区都采取了诸多切实可行的金融方法来促进该地区的经济发展，其中不乏效果卓著的国家和地区。对欠发达地区的开发也是许多发展中国家提高综合国力的重要途径。美国、日本等发达国家都是通过对欠发达地区的开发，从而跨入了世界强国的行列，而像巴西这样的发展中国家在开发落后地区方面的很多做法也是可圈可点的。这为我国的西部大开发提供了许多值得借鉴的有益经验。因此，研究并借鉴这些国家和地区的成功经验和教训，对探讨金融支持我国西部地区经济发展，推动和促进我国西部大开发，有着十分重要的借鉴意义。本章主要分析国内外区域经济开发的一些经典案例，并重点关注其中涉及解决资金渠道问题的内容，以期对解决我国西部大开发中的资金渠道问题提供一些有益的启示与借鉴。

第一节 国际区域经济发展中关于资金渠道建设的经验借鉴

一、美国西部地区开发中的资金渠道借鉴

美国经济的发展始终是伴随着西部开发进程的，从某种意义上说，没有成功的西部开发，就没有今天的美国经济。

在美国的西部开发中，资金问题是非常突出的。由于美国西部地区地广人稀，开发需要投入巨大的资金，同时开发初期的美国自身经济实力还不强，远不能满足西部大开发对资金的需要。因此，在开发之初，美国政府就确立了以商业资本投资为资金的主要来源渠道，并辅之以倾斜性的财税金融政策的指导思想。在美国刚刚建立之时，西部廉价的"自由土地"对商业资本具有极大的吸引力，商业资本大量流入西部，并自始至终成为西部地区开发的主要资金来源。除直接提供一定的资金支持外，政府的主要作用是创造制度条件，引导资本的区际流动。从历史上看，联邦政府政策的运用，总是把富有地区和更加工业化地区的收入、再分配给低收入低经济活动的地区。如《阿巴拉契亚区域开发法》和《公共工程和经济开发法》等法律的颁布实施，为美国落后地区制定了长期、稳定的发展政策，通过廉价提供土地、税收优惠政策及财政补贴，鼓励私人企业投资，促进落后地区发展。

1. 政府投入对其他资金的引导

从资金来源来看，美国西部开发的资金主要来自政府投入、东部资本、移民资本、西部积累资本和外国资本，但政府投入在很大程度上起的是引导其他资金投入的作用。"西进运动"中的移民西迁同时也是资本西移的过程，移民首先要投资，不管是美国东部移民，还是国外移民，既是拓荒者也是投资者，特别是外国移民更是形成了所谓的自然外资引进。从当时的情况来看，美国西部投资风险较小，投资收益是建立在较高的西部农业生产率基础上的，因此东部乃至欧洲的资金西进规模大，并且始终扎根于农牧业、铁路建设等实业的开发中。

政府在组织资金及投入方面的作用主要表现为：一是通过一系列政策来带动各方面资金投入，包括财政税收政策、货币金融政策、移民政策和土地政策。例如，美国政府通过一系列土地政策，带动了大量的东部资本、移民资本和国外资本投入西部大开发中，应该说这一政策是非常成功的。二是注重以项目，特别是以具有丰富回报的项目来鼓励投资者，吸引私营资本和外国资本，最值得一提的是公路、运河、铁路等基础设施建设项目。三是对关键工程直接投资建设，主要是基础建设。例如，通往西部重要的公路昆布兰大道和伊利运河建设工程就是由联邦政府投资建设完成的，它成了联结美国东西部之间经济关系的纽带，把大量的工业品运往西部，又把西部的农产品运往东部，有力地支持了西部大开发。四是建立许多专门管理外资事宜的金融机构和信息中心，通过银行家、经纪人、各级政府或公司向国外出售各类证券和债券，引进外资。

2. 财政税收优惠政策

为了满足经济发展对资金的巨大需求，保证大量开发资金的稳定供给，美国政府在促进西部地区开发的过程中，还采取了一系列极具针对性的财税金融优惠政策：

（1）运用转移支付手段调节落后地区的社会经济。早在19世纪初，美国就存在联邦政府向州政府和地方政府实行转移支付的制度，当时采取的形式有两种：一是将联邦预算结余补助给州政府和地方政府；二是对土地的开发和使用进行补贴。如果把财政收支及援助结合起来考察各地区的净流出和净流入，美国南部和西部的许多地区所得到的政府援助都多于它们所缴纳的税款。

（2）利用财政资金对基础设施和公共设施建设给予资助。美国历来把基础设施作为投资的重点，以为私人投资合理分布创造良好的外部环境，包括河流综合治理、铁路公路建设、水土保持、公共工程、技术援助、开发投资以及发展卫生教育事业等。公开资料显示，1921—1971年，各级政府为公路投入3260亿美元、为空运投入250亿美元、为水运投入150亿美元、为铁路投入2亿美元。

（3）对在贫困地区建立的开发区或企业区给予资助。例如，美国田纳西河流域管理局（TVA）的所需投资全部由联邦政府拨款解决，阿巴拉契亚山区开发管理委员会所需投资由联邦政府拨款解决80%，各州自筹20%。此外，它们还有权向州、县、市和社区、工业区、企业直接投资和资助等。

（4）为均衡地区经济结构，在税收方面对不同地区实行差别税制。根本出发点是通过给落后地区多留资金以培养其自我发展能力。第二次世界大战后，随着原来落后地区的崛起，这种不同税制的趋势有所减缓，但总体趋势未变。

3. 货币政策优惠

与上述财政税收政策并行的是一系列的货币优惠政策，主要内容有以下几点：

（1）充分考虑地区差异，多方制定有差异的金融管理政策。针对落后地区的资金供给能力弱以及资金大量外流问题，在金融控制上对落后地区实行差别对待。例如，原则上联邦储备银行可以自行规定区域内不同的贴现率，可以根据本地实际，通过贴现率调整来促进投资和经济发展；依据地区差异和规模，设置不同标准的法定准备金率。

（2）大力发展单一制的地方性商业银行组织形式，满足地方建设资金需要。建立这种极具竞争力的单一银行，使地方的经济、金融利益得到充分保护，并使美国的货币政策在不同领域得到全面贯彻执行。

（3）制定社区投资法律，保护地方经济、金融利益。社区投资法规定：商业银行的资金首先得满足当地经济发展的资金需要，其次是要拨出一部分资金专项用于银行所在地的黑人以及贫穷居民经济活动需要。随意跨州经营、在资金上向外扩张是社区投资法所不允许的。

（4）通过政策性金融对落后地区实施金融扶持。美国为了加强对不同地区的经济干预，不仅通过各种手段对存贷款及其流向施加影响，而且还直接创办一些政策性信贷机构，国家直接参与存贷款业务活动，以增强政府对不同地区的经济的影响。20世纪30年代世界经济危机后，美国通过了《联邦信贷纲要》，先后成立了美国进出口银行、各类农业信贷机构以及住宅建设信贷机构等政策色彩较浓的金融机构，对落后地区经济发展乃至一些基础性设施的建设都起到了重大作用。

二、日本北海道开发中的资金渠道借鉴

20世纪50年代，为了解决战后严峻的粮食、煤炭、木材供给和复员

军人安置问题，日本决定开发北海道，以期利用北海道人少地多的条件，达到恢复全国经济、提供粮食和资源的目的。

与美国西部的开发模式不同的是，日本北海道的开发在相当长时期内依循的是一种政府推动型的开发模式，开发进程是以政府驱动为动力，开发的主要推动者是日本政府，开发行为主要是政府行为。只是到日本政府提出新的开发指导原则后，才由过去的以中央为主导的开发向以地方政府为主导的开发过渡，同时强调要重新认识地方自治和民间团体的作用。日本政府投资决策的基本原则是弥补市场失效，强调立法先行、以法律为依据，每一项开发制度的建立和实施都以立法为出发点。从产业部门来看，政府投资主要用于私人资本无力或不愿投融资的基础产业部门和基础设施部门。这一基本特征决定了日本政府对北海道的开发是通过法律手段的严肃性、规范性和稳定性，来保证被援助地区开发的顺利进行。从开发资金来源来看，北海道的开发资金主要由国家承担，其资金来源主要通过以下几个渠道来解决：

1. 北海道开发事业费预算

根据日本有关法律和《北海道开发法》的具体规定，国家设立北海道开发事业费预算，其直辖部分交北海道开发厅支配，其辅助部分交北海道地方政府支配，开发投资以国家为主。公开资料显示，1951 年，北海道开发时年费用是 70 亿日元，到 1995 年预算已达 9450 亿日元，2001 年的预算为 9560.84 亿日元。该项费用在日本一般公共事业费（灾害援助除外）中每年占的比重，最高为 16.4%（1958 年），最低为 10.5%（1993年）。作为综合开发，预算主要用于北海道开发事业费、北海道灾害损毁恢复费、北海道开发计划费和一般行政费，其中北海道开发事业费占绝对比重。

2. 财政补贴与转移支付

由于北海道在日本经济发展中有着重要作用，国家对北海道公共工程的财政补贴率要比其他地区高。例如，公开资料显示，在 1995 年的政府补贴中，中央政府给予北海道的开发项目补贴比重高于其他地区：日常河流改造方面多补贴13%；国家高速公路建设方面多补贴13%；港口建设方面多补贴35%；渔港建设方面多补贴30%；公路及其他基础设施方面多补贴18%。同时，日本政府还采取减免税收、价格补贴等手段促进"过疏"地区的经济发展，这实际上也就等于增加国家在北海道开发上的资金投入。另外，为了促使作为国家项目的北海道开发计划顺利实施，中央政府也给北海道制定了较高的财政分享率。日本中央财政占总财政收入的70%，其中大部分拨付给地方政府，在非平衡发展时期，主要拨给重点开发地区；在均衡发展时期则主要拨给落后地区。

在北海道开发的过程中，日本财政的转移支付制度发挥了很大的作用。从理论上来说，日本的财政转移支付有两种：一是无条件的转移支付，它按照各地区的有关指标相对于全国平均值的指数计算出一个综合指数（具体指标包括人均财政收入、人口文化素质、运网密度、居民消费水平、人均国民生产总值、产业结构水平、技术开发能力、城市化水平、资本积累水平等），再根据综合指数的大小将各地区分成若干等级，作为无条件转移支付额外负担的标准；二是有条件的转移支付，它主要补助给落后地区用于基础设施建设，其中包括一般性补助、特殊因素补助、临时性特殊补助和项目专项补助。对受补助地区的某一专项活动提供资金，受补助地区的政府必须投入相应比例的资金或接受中央政府的审查监督。这种补助对地方政府公共产品投入具有较强的援助和诱导作用，一般与产业政策和区域政策紧密配合，这样有助于缩小地区差距。

3. 政策性金融与财政投融资制度

在金融手段方面，日本通过政府的金融机构以优惠贷款方式向落后地区提供援助，同时在政府金融体系的十个公库中，设立两个直接服务于落后地区的公库，即北海道东北开发公库和冲绳振兴开发公库。日本政府通过日本开发银行与北海道东北开发公库等政府性质的金融机构，为私人金融机构无法有效实施的带有很大公共性的项目，提供长期低息贷款、投资和其他金融服务，旨在改善地区状况，提高地区活力，支持地区间的合作和自立，完善环境、能源、灾害控制以及社会福利措施，促进交通运输系统和信息交流系统的建立，转变经济结构，发展智力教育系统。

与政策性金融相联系的是日本的财政投融资制度。财政投融资制度是日本政府掌握的一种"资金诱导和间接统制"的有力武器，可以弥补中央政府在区域经济开发中财力不足的矛盾，是实现区域经济开发和经济赶超的一大支柱。具体来说，财政投融资是以国家信用为基础，通过金融手段筹集资金，提供给政府投融资机构以有偿方式加以运用。它的主要特点有：首先，财政投融资制度既不同于纯粹的财政支出，又有别于商业银行贷款。一方面它强调对原出资的保护，是一种可回收的出资及有息贷款，但与商业银行相比却明显具有低息长期贷款的特点；另一方面它又把政府需要摆在首位，为此甚至不惜进行风险投资。其次，财政投融资制度具有一套相互联系而又各具重点的财政投融资运作执行体系，如日本开发银行、日本输出入银行及区域性政策金融机构，这一部分庞大资金由政府统一管理，与财政预算一起编制投融资计划"计划性"地安排使用。再次，这一制度的资金来源主要是全国的邮政储蓄、国民年金、厚生年金、简易保险基金及国内外借款，其规模相当于每年 GNP 的 6%～8%。最后，其资金运用重点是对产业发展和社会基本建设进行支持，包括对产业的重点扶持、对弱小产业的救助、对夕阳产业的转移，以及道路、港湾等基础设施建设，具体使用方式有投资、贷款、认购债券和提供债券担保等金融活动。这一制度实施的具体形式是建立地区开发金融制度，目的是为振兴特定地区的产业，投资、贷款的发放对象只限于特定地区的法人实体。目前日本的地区开发金融实施主体主要有北海道东北开发公库和针对九州、四国、北陆等不发达地区的日本开发银行——地方开发局。由此看来，财政投融资制度使得日本的中央政府在国内地区平衡方面发挥了强有力的调控作用。

4. 吸引法人企业的投资与依靠间接金融体系融资

日本企业以法人相互持股为主，这有利于地区产业链的形成。日本企业成组团的地区布局，使法人企业的资本在地域配置上高度集中，从而形成了许多工业地域综合体。日本资本区域配置的另一个重要渠道是发达的间接融资体系。公开资料显示，日本常年以来靠金融机构贷款供应的资金占外部资金的比例为70%~80%，日本商业银行的贷款投向总的来说是以利润为目的，受市场调节，但在很大程度上也自觉与政府政策意向相配合。

从北海道开发进入第六期起，日本政府提出了新的开发指导原则，即由过去的以中央为主导的开发向以地方政府为主导的开发过渡。强调要重新认识地方自治和民间团体的作用，提出走"内涵式发展"的道路，让地方自治体和民间团体充当北海道开发的主体，自我选择发展方向和相应措施。例如，日本农业协同组合（简称"农协"）办的信用事业在组织农业生产资金方面就承担着重任。农户一旦发生资金短缺，农协是他们获得帮助的主要资金来源。可以预见，在对北海道的进一步开发中，中央政府会继续发挥主导作用，同时，通过"官、产、学"① 的结合，政府会积极鼓励地方自治体、民间企业和个人参与北海道的开发；对北海道开发项目的补贴依然会优厚于其他地区，补助、补贴等资金倾斜政策将提高各类经济实体参与开发的积极性。

三、巴西落后地区开发中资金渠道问题的解决

巴西作为拉丁美洲第一大国与我国一样同属发展中国家，由于自然条件及历史的原因，东部、南部发达，北部、西部落后的现象久已存在，形成"落后的内地巴西"与"现代化的沿海巴西"的畸形结构。1941年，巴西国家地理与统计局就根据各地区经济发展的差异、自然资源分布和人文地理，将巴西划分为五部分，分别是东南部、南部、东北部、北部和中西部。前两个地区为经济发达地区，后三个地区为经济落后地区。"二战"后，巴西经济在历届政府的努力下取得了长足的发展，落后地区的经济面貌经过几十年的开发和努力，也有了很大的改观，取得了令人瞩目的成果。但由于落后地区开发是一项系统的长期性工程，需要大量的资金和配

---

① "官、产、学"指政府、产业、科研院校。

套的相关政策，因此到目前为止，东北部、北部和中西部地区仍是巴西经济落后地区。为改变这一状况，巴西政府也先后形成了几大战略构想并逐步付诸实践。经过几十年的努力，巴西的广大落后地区经济已有了很大改观，这其中有许多做法值得借鉴。

1763 年，巴西定都里约热内卢，有力地带动了巴西东南沿海各州以咖啡、棉花、烟叶及畜牧业为主要内容的经济快速发展，形成里约热内卢、圣保罗、米纳斯吉拉斯以及巴西南部三州的繁荣地带。里约热内卢地处沿海，同内地的联系极为不便。为扩大联邦政府对内地的影响力，开发内地丰富的自然资源，政府不惜耗巨资，把首都迁至巴西国土的中心，即在距里约热内卢以西 1150 千米的中部高原另建一个新的首都——巴西利亚。经过三年多的努力，新首都巴西利亚在中西部地区拔地而起，目前已经成为拥有 19 个卫星城、近 200 万人口的现代化城市。在迁都的同时，政府修建了首都通往东北部地区和北部地区的公路，为落后地区的开发奠定了基础。目前，首都巴西利亚已经成为发展北部、东北部和中西部地区经济的中心和一个"极"。

作为一个发展中国家，开发落后地区的过程中资金问题显得特别突出。巴西历届政府在为落后地区开发拓展资金渠道方面也有许多比较好的做法。

1. 联邦政府间的转移支付

针对落后地区的经济开发，巴西政府于 1946 年在宪法第 199 条中规定：联邦收入的 3% 必须用于亚马逊地区的经济社会开发；3% 必须用于东北部地区的开发；1% 必须用于圣弗朗西斯河谷地区的开发。之后通过长期的实践，政府形成了一套通过税收收入分享和协商性转移支付来达到公共服务均等化目标的方法。

转移支付制度的效果是很明显的。公开资料显示，每年调拨资金占落后地区工农业总产值的 15%~20%，最高年份曾达到 25%，约相当于落后地区当年投资的 50%。巴西著名经济学家德尔芬内托曾估计，20 世纪 70 年代前后，巴西南部地区向东北部地区的资金转移总额相当于同时期发达国家资金转移的总和。以落后的东北部地区为例，长期以来，东北部地区的联邦税赋一直大大低于全国平均水平，联邦政府在东北部地区的支出占全国国内生产总值（GDP）的比重大于联邦政府在东北部地区税收占GDP的比重，即从联邦财政收支来看，东北部地区是资金净流入地区。例如，1960 年，东北部地区税赋占当地 GDP 的 3.4%，而当年全国税赋平均水平占全国 GDP 的 7.8%，联邦政府在东北部地区的支出占当地 GDP 的7.4%。1970 年，上述三个比重分别为 6.0%、10.5% 和 9.6%。再如，1964—1974 年，联邦政府转移的税收收入从相当于东北部地区 GDP 的0.5% 增至 4.2%。对于经济发达的东南部地区，联邦政府则实行多收少支的政策，例如，1961—1965 年，圣保罗州在联邦税收中所占比重为 47%，而在联邦支出中仅占 13%；1966—1970 年，圣保罗州在联邦税收和支出中的比重分别为 38% 和 13%；1961—1970 年，圣保罗州在国民收入中的比重一直保持在 35% 左右。

2. 通过各种优惠政策引导资金向落后地区转移

在实施大规模、大面积的开发落后地区的过程中，单靠政府自身的资金是远远满足不了对开发资金的需求的，因此巴西政府从 20 世纪 60 年代起就开始制定一系列鼓励投资的税收优惠政策。这些税收优惠政策覆盖面很广，涉及中央税、地方税、关税、销售税、消费税、个人所得税、公司（企业）所得税等；方法也是灵活多样的，既有"税率型"的，如减税、免税等，也有"税基型"的，如加速折旧、亏损抵补及专项扣除等，还有"抵免型"的，如投资税收抵免等。1961 年，巴西政府在其颁布的第 3995号法令中，对已经或意欲前往欠发达地区投资的发达地区的企业提供了一系列的财政鼓励措施，以吸引发达地区的私人资本参与或转移到落后地区的经济开发之中。1963 年颁布的 439 号法令规定：根据东北部开发管理局的规划而在东北部投资者，可免除 50% 所得税，但必须用免缴税款在该地区追加投资。对自然人的所得也实行减半征税，所减税款需用于认购东北部银行和亚马逊银行的新股票，以增加对这些地区的投资。

除联邦政府的优惠政策外，落后地区各州也针对吸引投资提供形形色色的优惠条件。例如，东北部各州提供的优惠条件有：阿拉戈斯州 10 年免征州增值税并提供其他州所能提供的一切优惠条件；巴伊亚州 10 年内减免 75% 的州增值税并提供建筑和基础设施；塞阿拉州 15 年内免征州增值税并可延长期限；帕拉伊巴州 10 年免征 95% 的州增值税并提供土地和基础设施；等等。尽管随着巴西国内资本市场的一体化，东南部地区优越的外部经济条件和更高的投资回报率必然会对资本产生更大的吸引力，但上述优惠政策还是对落后地区的资本流入产生了一定的推动作用。

第二节　国内外金融支持与资金渠道建设中的经验启示

通过对几个主要国家在其区域经济开发中解决资金渠道问题的政策措施的回顾，我们可以得到这样一个比较清晰的印象，即各国在对其欠发达地区开发的过程中，资金渠道问题都是亟须解决的问题之一。资金渠道问题能否妥善解决，直接关系到区域经济开发能否得以顺利实施，其迫切性决定了单纯依靠任何一方面的力量都不可能彻底地解决，而必须采取"多管齐下"的手段，综合利用财政、政策性金融、商业性金融、区域内外等各种资金来源渠道共同解决。

在利用这些渠道时又必须针对不同的国情、经济发展状况以及特定项目自身的特点灵活把握。众多有着区域经济发展成功经验的国家无一例外地都选择了一条"政府主导—市场发展—市场为主"的发展路径，而区别仅仅在于各自政府在不同发展阶段所采取的具体措施。事实证明，在欠发达地区开发之初，政府的直接援助和政策倾斜是必不可少的，但在开发的整个过程中，却要始终重视对市场自身力量的培育和支持。政府通过必要的立法和实行有效的金融优惠政策弥补区域间非均衡的市场机制缺陷，是引导社会资金和资源要素由发达地区流向欠发达地区，实现资源的优化配置，缩小区域经济发展的差距的有效手段。

首先，在市场化资金渠道尚未建立之初，应充分发挥政府的主导作用。实行政府引导、市场化运作的金融超前战略是西部开发成功的保证。综观国内外所有后进性赶超型国家和地区，在开发的过程中，政府的作用和市场的作用二者缺一不可，即在开发初期，政府起主导作用。在金融方面，政府的先导作用主要表现在以下几点：

第一，财政投入是政府主导的主要手段。

这是由区域经济开发本身的性质决定的。区域经济开发一般是作为政府的战略安排而实施的，其宏观效益、长远效益和社会综合效益要远大于参与开发的企业或个人的微观效益和短期效益，这就决定了在经济开发的过程中尤其是在开发之初，政府的引导包括巨额的资金投入是必不可少的，只有这样才可能为其他资金的投入奠定基础并产生足够的吸引力。即使是像美国这样在开发中主要倚重商业资本投入的国家，在开发前期的政府投入也是巨额的，仅铁路建设一项，1865—1890年，包括政府给铁路赠予土地的价值在内，政府援助的总数就达15亿~20亿美元，占到全部铁路投资的10%~15%。日本在北海道开发过程中，专门设立北海道开发事业费预算，以法律确定了以国家为主的开发投资形式。1951年北海道开发时的年费用是70亿日元，到2001年已接近10000亿日元，这在日本政府的一般公共事业费（灾害援助除外）中占到很大的比重（最高为1958年的16.4%，最低为1993年的10.5%）。

值得注意的是，各国在区域经济开发中，大都建立有行之有效的财政转移支付制度。例如，日本政府的无条件转移支付和有条件转移支付，具体构成包括国家让与税、国家下拨税和国库支出金三项内容。巴西政府的转移支付制度是通过税收收入分享和协商性转移支付两项制度来进行的，前者是通过联邦向州政府转移支付基金（FPE）和向地方（市、县）政府转移支付基金（FPM）的运行来实现的，而后者是通过联邦政府与州政府协商选择必要的非项目性补助支付给各级政府的。事实证明，上述各种形式的转移支付制度在区域经济开发中起到了非常重要的作用。

第二，各种形式的政策性金融。

通过政策性金融对落后地区实施金融扶持也是各国在区域经济开发中

的通行做法。例如，美国为了加强在区域经济开发中对不同地区的经济干预，于20世纪30年代世界经济危机后，通过《联邦信贷纲要》先后成立了美国进出口银行、各类农业信贷机构以及住宅建设信贷机构等政策色彩较浓的金融机构，使政府能借此直接参与存贷款业务活动，以增强自己对不同地区的经济的影响。又如，日本在其政府金融体系的10个公库中，设立了两个直接服务于落后地区的公库，即北海道东北开发公库和冲绳振兴开发公库，通过这些政府性质的金融机构为私人金融机构无法有效实施的带有很大公共性的项目提供长期低息贷款、投资和其他金融服务。

需要说明的是，从资金使用上来讲，政策性金融与政府直接投入在性质上具有一定的相似性，其意图都是为改善开发地区状况，提高开发地区活力，支持地区间的合作和自立，完善环境、能源、灾害控制以及社会福利措施，促进交通运输系统和信息交流系统的建立，转变经济结构，发展智力教育系统等。但政策性金融更多地借助信用形式，依靠金融系统的运行，从而能更好地提高开发资金的使用效率。

第三，商业性资本。

毋庸置疑，一个地区经济社会的平稳健康发展，最终依靠的是商业性的私人资本的持续注入和社会公众的安居乐业，而政府资金的先期投入，更多的是为后续的私人投资创造一个良好的外部环境，同时起到引导和示范的效应。各国在区域经济开发的过程中，对如何实现对商业性资本的吸引也分外关注。除上述通过政府的直接投入进行引导和示范外，对私人投资吸引最大的就是各种各样的地区引资优惠政策，而各国在区域开发中引资政策方面的举措也称得上是特色各具、异彩纷呈。

例如，美国政府在西部开发中的政策优惠就是非常全面的，包括财政税收政策、货币金融政策、移民政策和土地政策等，这一系列政策带动了大量的东部资本、移民资本和国外资本投入美国的西部开发中。巴西政府在区域经济开发中的政策倾斜首先表现为一系列鼓励投资的税收优惠政策，其覆盖面很广，涉及中央税、地方税、关税、销售税、消费税、个人所得税、公司（企业）所得税等；方法也是灵活多样的，包括"税率型"

"税基型""抵免型等。其次还表现为由政府划定一些实行财政刺激的地区和部门，如亚马逊地区和东北部，以及农、林、渔业等部门。另外除联邦政府的优惠政策外，落后地区各州也争相提供各种优惠条件以吸引投资。

第四，外部资金。

为了从多方面解决资金不足的困难，各国政府在区域经济开发中都不会忽视对外部资金的利用。美国在西部开发的早期就建立了许多专门管理外资事宜的金融机构和信息中心，通过银行家、经纪人、各级政府或公司向国外出售各类证券和债券，引进外资。公开资料显示，截至1839年共引进外资1.5亿美元，到1908年外资总数已达到64亿美元。巴西政府在落后地区开发兴建大型工程项目时，往往考虑吸收外资参与，如著名的由日资参与的《稀疏草原开发计划》和由美资参与的《雅里计划》就是典型的例子。为有效地吸引外国直接投资，巴西政府还推出了包括融资优惠、税赋减免，以及免费提供工业用地等组合式的鼓励政策。

其次，政府除了发挥主导性作用外，还应承担起培育市场开发力量的责任。具体表现为政府的培育性投入，并尽力引入市场机制进行西部开发。其主要作用机理在于：在地区经济发展过程中，当某些产业或企业前景尚不明朗，商业性金融机构在投资决策中踌躇不前时，政府开发性金融机构的先行投资，可以表明政府的扶持意向，从而通过自身的政策性融资活动间接地引导商业性金融机构和民间资本从事符合政策意图的投融资活动，即"政府先行投资—商业性金融机构跟随投资—政府转移投资"这样一种牵引机制，通过强有力的政府的政策性融资活动和开发性金融机构引导企业结构和经济结构的调整，增强西部的"造血"机能。随着投资环境的好转，市场力量将逐渐居于主导地位，政府随之逐渐淡出。从另一个角度来看，政府直接投入的作用很大程度上不在多，而在精，即政府直接投入不是要试图解决开发中的全部资金，而是要立足于为私人投资合理分布创造良好的外部环境。在这一方面，最常见的就是对基础设施（包括河流综合治理、铁路公路建设、水土保持、公共工程、技术援助、开发投资，以及发展卫生教育事业等）的直接投资。例如，在美国的西部开发中，通往西部重要的公路昆布兰大道和伊利运河建设工程就是由联邦政府投资建设完成的，事实证明这两项工程确实成了联结美国东西部之间经济关系的纽带，据此可把大量的工业品运往西部，又把西部的农产品运往东部，有力地支持了西部大开发。另外，如巴西政府迁都巴西利亚以带动落后地区发展，以及建立马瑙斯自由贸易区以促进亚马逊大平原发展等举措，更是区域经济开发中投资一点、带动一片的经典范例。

再次，区域经济开发不仅是金融资源的引入过程，也是其他生产要素的简单聚集，它必须在建成自己的基础产业的同时，找到本区域的优势产业或主导产业，才能获取具有竞争性的投资回报率，区域开发才具有后续力量。

美国西部开发之所以能够健康发展、持续推进、后来居上，一条基本的经验是政府实行正确的产业政策，不断调整和优化产业结构。20世纪以来，美国政府采取多种途径，主动引导各个产业均衡发展。"二战"期间，美国在西部地区发展了一批具有相当技术水平和规模实力的军工企业。冷战后，大量军工企业转为民用，美国利用原有的军事高科技基础，再加上西部地区丰富的资源以及廉价的土地和劳动力，以宇航、原子能、电子、生物等为代表的高科技产业发展，极大地加快了美国西部产业结构升级换代的步伐。同时，美国在地产、农业等领域，运用金融政策和手段，实现了行业经济发展的繁荣。在地产业领域，美国西部地区通过高利率贷款及农场抵押等金融创新形式促进了金融和地产业的双重繁荣；在农业开发中，结合西部地区农民拥有相当的资本，并且需要短期及长期的信用贷款来从事商业生产的需求，积极发展西部地区资本市场，通过资本市场孵化美国西部为"小麦王国"和"畜牧王国"。日本在北海道的一个成功经验是，开发中结合地区经济和金融发展的实际，重新安排了工业布局，促进制造业从经济发展的"三湾一海"地带向北海道等边缘地区扩散，具体通过"据点开发"、建设"定居圈"和"技术集成城市"等措施，推动地方工业及其相关产业飞速发展。

最后，通过颁布专门法律，通过法律保障区域开发政策的有效实施是各国普遍采用的一种政策手段。区域政策在本质上是政府对区域经济发展的干预和调控，需要有相应的法律依据和法律保障。中央政府的地区政策，必定要涉及中央政府对各地区之间利益关系的调节。只有以严密的法律明确界定中央协调地方利益的原则、方式和方法，才能使中央的区域发展政策具有权威性和相对稳定性。国外对欠发达地区开发的实践无一例外地都具有重视立法和配套机构建设的特点。美国在西部开发过程中，先后出台了《田纳西河流域管理法》《地区再开发法》《阿巴拉契亚区域开发法》《联邦受援区与受援社区法》等；日本先后制定了《过疏地域振兴特别措置法》《北海道开发法》等120多部法律，在立法的基础上，政府先后对欠发达地区实行计划开发。为保证区域援助计划的有效实施，各国政府都设有专门的组织管理机构。美国为促进西部开发，在20世纪60年代先后成立了地区再开发署、经济开发署、阿巴拉契亚区域委员会以及其他的州际区域开发委员会。巴西在落后的东北部、北部、中西部专门设有开发管理署。日本为促进北海道开发，在中央政府中设立北海道开发厅，厅长官为国务大臣，厅下设北海道开发局，专门负责对北海道的开发进行管理，以保障各项政策措施的落实。我国应结合西部大开发战略的实施，研究制定《西部开发法》等相关法律制度，使整个开发过程有法可依，以法律的严肃性、规范性、稳定性保证开发的持续、顺利进行。

上述各国在区域经济开发资金渠道问题的解决思路与具体措施各具特色，对于我国西部地区的经济开发具有很强的借鉴意义。鉴于我国内在条件与外部环境的巨大差异，既不应该也不可能照搬照抄任何一个国家的所谓成功模式，只能在实践的过程中探索与总结最适合我国国情、区情的总体思路与具体方法。综览各国发展成功经验，能够达成共识的重要一点结论是：行之有效的区域金融政策的制定是区域开发成功的重要保证。在区域金融政策的制定中，既要体现政府的主导作用，同时也要充分重视市场的作用。特别是针对我国西部的广大欠发达地区，由于经济发展相对滞后，基础较薄弱，难以在短时间内缩短与东部发达地区的差距，因此欠发达地区的开发不能急于求成，对各种资金渠道的利用也应该进行统筹规划，使各方面的资金投入都能在区域开发中产生实实在在的经济效益和社会效益。这些经验无疑对西部地区经济发展中金融支持政策的制定提供了重要的参考。

第七章　西部金融发展中资金约束及应对措施

第一节　西部经济发展资金缺口预测

中华人民共和国成立以来，西部地区经济建设取得了巨大成就。但是，与东部地区相比，仍然存在较大差距，存在很多制约经济发展的因素。其中，资金短缺一直是制约西部地区经济发展的瓶颈。虽然中央对西部地区进行了大量投入，但从数量和资本形成机制看，资金短缺情况仍然比较严重。具体表现为：一是西部地区经济发展过程中资金的供给远远低于需求；二是相对于东部地区而言，投资资金比较少，差距大；三是对外部金融支持的依赖程度较大。

一、西部地区资金数量短缺

我们可从两个方面分析西部地区经济发展过程中的资金短缺情况：

1. 西部地区与东部、中部地区投资资金比较

很多学者提到西部地区资金短缺，是把它与东中部地区进行比较得出来的，主要表现在投资资金总量、人均量和结构上与东部、中部地区存在差距。

第一，西部地区全社会固定资产投资总额与东部、中部地区差距在拉大。以1999年为例，西部地区投资总额为5421亿元，比东部地区17330

亿元少 11909 亿元，比中部地区 6217 亿元少 796 亿元。2004 年，西部地区全社会固定资产投资大幅增长到了 13754 亿元，比 5 年前增长了 1.54 倍，但与东部包括中部地区的差距却更大了（见表 7-1）。

表 7-1　西部与东部、中部地区全社会固定资产投资总额差距

单位：亿元

地区＼年份	1999	2000	2001	2002	2003	2004
东部地区	17330	18752	20874	24183	32140	40242
中部地区	6217	7033	8059	9336	11621	15126
西部地区	5421	6111	7159	8515	10844	13754
西部比东部少	11909	12641	13715	12784	21296	26488
西部比中部少	796	922	900	821	777	1372

资料来源：笔者根据《中国统计年鉴》各年计算。

第二，三大地区的全社会固定资产人均投资额也存在一定的差距。根据刘世庆等（2005）的测算，西部地区人均固定资产投资额仅为全国平均水平的 69%，仅为东部地区的 45%，并且与东部地区人均投资额差距在拉大。1999 年，东部、西部地区全社会固定资产人均投资额差距为 2223 元，到 2004 年扩大到 4553 元（见表 7-2）。五年大开发时期，西部地区不仅在投资总额上与东部地区拉大了差距，人均投资额差距也在拉大，这说明西部地区经济发展中资金短缺的情况非常严重。

表 7-2　西部与东部地区全社会固定资产人均投资差距　　单位：元

地区＼年份	1999	2000	2001	2002	2003	2004
东部地区	3735	3817	4356	3896	6610	8277
西部地区	1512	1720	1964	1558	2937	3724
西部比东部少	2223	2097	2392	2338	3673	4553

资料来源：刘世庆，等．西部大开发资金战略研究报告［M］．北京：经济科学出版社，2005.

第三，西部地区与东部地区的资金差距还表现在投资结构上。经过三次开发，西部地区形成了以国有经济投资为主、以非国有经济投资为辅的格局；而且在国有经济投资中，以标志"西部大开发"的大型基础建设项目、中央项目为主要组成部分。以 2003 年为例，西部地区国有经济投资额为 5326.19 亿元，占全社会固定资产投资额的 49%；东部地区国有经济投资额为 10531.87 亿元，占全社会固定资产投资额的 33%。西部地区国有经济投资占较大比重，决定了国家要加大对其扶持性投资。

即使国有经济在西部地区投资中占较大比重，但国有经济的投资总量和人均量都比东部总额低得多。2003 年，西部地区国有经济投资额为 5326.19 亿元，占全国国有投资总额的 25.4%；人均国有经济投资额为 1422 元，比全国人均国有经济投资额 1633 元低 211 元。东部地区 2003 年国有经济投资额为 10531.87 亿元，占全国国有投资总额的 50.2%；人均国有经济投资额为 2166 元，超出全国人均量 533 元。

国有经济投资只是社会投资的一部分。对于西部地区来说，国有经济投资作为其最主要的投资部分尚且比东部地区要低得多，更不用说以私人投资为主的个体经济、股份制经济，绝对数量差距更大，有的经济成分投资额（外资）几乎不到东部地区的 10%（见表 7-3）。这种投资结构差距也导致投资总量的东、西部差距，而且这种结构和总量差距开始有固化的倾向。例如，1999 年以来，东部、西部全社会固定资产投资总量比例几乎保持在 58∶20 左右（见表 7-1）。这种固化倾向的差距也从另一方面说明西部地区投资资金的匮乏。

表 7-3　2003 年西部与东部地区各种经济成分投资额比较

项目	全国 （亿元）	东部地区 （亿元）	西部地区 （亿元）	西部地区占东部 地区比例（%）
全社会投资额	54604.36	32140.13	10843.51	33.74
国有经济	20963.10	10531.87	5326.19	50.57
集体经济	8009.51	6141.78	826.51	13.46
个体经济	7720.12	3995.08	1748.71	43.77

项目	全国 （亿元）	东部地区 （亿元）	西部地区 （亿元）	西部地区占东部 地区比例（%）
联营经济	187.97	120.14	27.4	22.81
股份制经济	12469.26	7108.33	2557.11	36.97
外资经济	4908.81	4065.28	291.4	7.17
其他经济	345.69	177.68	66.28	37.30

资料来源：笔者根据《中国统计年鉴》（2004）计算。

2. 西部地区经济建设中的资金供求分析

探讨西部地区经济发展所需资金，要考虑多方面的因素。刘世庆等（2005）认为，西部经济发展对资金的需求受到本地区 GDP 增长率、人口增长率、投资带动率、主导产业带动系数以及生态工程和大规模基础设施建设等因素影响。根据近年来数据，在我国 GDP 构成中，资本形成的比重比较高，基本保持在40%左右。因此，投资资金的供求决定着地区经济增长和经济发展。2000 年以来，虽然中央财政投入加上银行配套资金增加，使西部地区资金供给有所增加，但供不应求的局面仍然没有改观。

具体到一个地区，由于资金需求主体千千万万，不容易准确估量众多主体对投资资金的需求量，为简便起见，本书以全社会固定资产投资额为代表，衡量该地区对资金的需求和供给。

实际上，一个地区的经济增长与其全社会固定资产投资增长是紧密相连的。刘世庆等（2005）认为，1980—2004 年我国全社会固定资产投资年均增长率超过同期经济增长率4.58 个百分点。表7-4 显示，2000—2004 年全国全社会固定资产增长率比同期 GDP 增长速度平均快9.6 个百分点，五年投资平均年增长率为20.8%。同期，西部地区的经济增长速度和投资增长率要高于全国平均水平，其中，全社会固定资产增长率比同期 GDP 增长速度平均快12 个百分点。

表 7-4　2000—2004 年西部地区和全国经济增速和投资情况

年份	西部地区			全国平均水平		
	经济增速（%）	投资总额（亿元）	投资增速（%）	经济增速①（%）	投资总额（亿元）	投资增速（%）
2000	8.5	6111	12.7	8.4	32917.7	10.3
2001	8.8	7159	17.2	8.3	37213.5	13.0
2002	10.0	8515	19.0	9.1	43499.9	16.9
2003	11.3	10844	27.3	10.0	55566.6	27.7
2004	12.7	13754	26.8	10.1	70073.0	26.1
平均	10.3	9276.6	22.5	9.18	47854.1	20.8

资料来源：①《中国统计年鉴》（历年）。②马凯．国家西部开发报告（2005）［M］．北京：水电水利出版社，2006.

西部地区固定资产投资增长率和经济增长速度高于全国平均水平，并不意味着对资金的实际供给满足了实际需求。这可以从以下两个方面进行估算（见表 7-5）。

表 7-5　2000—2004 年西部地区资金的实际供求和短缺状况

单位：亿元

年份	实际供给	以投资增长率高于经济增长率 20% 估算实际需求	短缺量	以 GDP 增速 15% 估算实际需求	短缺量
2000	6111	13714	7603	10784	4673
2001	7159	11987	4828	12203	5044
2002	8515	13445	4930	12773	4258
2003	10844	12433	1589	14395	3551
2004	13754	16782	3028	16245	2491
平均	9276.6	13672.2	4396	13279	4003

资料来源：笔者整理。

一是以投资增长率平均高于经济增长率 20 个百分点来衡量该时期的

---

① 全国经济增长速度是根据 2006 年国家统计局修正后的数据得来的。

实际资金需求①，可以得到西部地区经济增长最好时期（西部大开发）的资金短缺状况。经过测算，2000—2004 年西部地区经济建设资金平均年短缺 4396 亿元，近年短缺状况才有所好转。

二是假定西部地区 10 年内达到东部地区当前经济平均发展程度，为此必须加快经济建设，提高资金投资增长速度。以经济增长平均年提高 15%估算投资资金的短缺状况②，虽然近年资金短缺情况有所好转，但年短缺量仍然有 4003 亿元。

综合两种方法对西部地区经济建设过程中资金实际需求进行估计，在其发展最好时期（2000 年以来），年均实际需求资金 13000 多亿元，而该时期实际供给量为 9000 多亿元，年均短缺 4000 亿元左右。数目巨大的资金缺口，制约了西部地区的经济发展，也拉大了地区间的发展差距。

二、资金缺口预测

关于西部地区资金缺口问题，许多专家学者都尝试给出过结论，但方式方法不尽相同，结论也存在较大差异。本书借鉴了中国人民银行研究局与日本国际协力机构、日本株式会社工营综合研究所撰写的《中国西部开发金融制度调查报告》中的测算方法，对西部地区特别是广西壮族自治区未来一段时间的资金需求缺口进行预测。

1. 推算方法归纳

设想开发情景规划和各项指标：关于开发情景规划中按照被认为最标准的基本情景规划的宏观经济，以及产业结构的长期预测已经得以顺利实施。在宏观情景规划之外，还根据各地区的产业经济模型进行设想，对于

① 投资增长率平均高于经济增长率 20 个百分点，是根据近年全国部分经济增长速度较快地区经验数据估计而来。

② 西部地区国民经济增长率年均 15%是估算数据。实际上，2004 年西部地区 GDP 总量为 27545.5 亿元，东部地区 GDP 总量为 95503.9 亿元，东部是西部的 3.47 倍。若在 10 年内赶上 2004 年东部地区经济发展水平，西部地区经济增长率年均为 13.2%。按照目前东西部地区各自经济增长速度，两个地区间的差距可能越来越大。

我国西部地区而言，涉及收入、产业结构等方面。

推算所需资金额：在推算各个投资领域的投资资金中最基本的方法是根据某些实际指标来推算最近时点的实际所需资金额。例如，通过以未来预测增长率外插的各领域各部门的实际生产的预测值，所计算出来的资金需求。该方法的前提是各领域的实际投资需求与实际生产大致成比例。

作为预测未来生产额为主的较为精确的方法有采用增量资本产出率的方法（ICOR），这是将实际资本存量的增加部分和实际生产额的增加部分之比作为分析出发点，根据未来实际生产额的预测值来推算资本存量增加额的一种预测方法。由于西部地区投资资金需求所涉及部门、产业较多，因此在宏观口径上使用 ICOR 的方法来计算较为现实。

2. 推算西部开发投资需求的方法

如上所述，我们将尽可能按照地区推算出 ICOR，从经济模型中获得的各产业实际生产增长率，计算出投资总额和期间的实际投资需求。具体地说：

实际固定资产投资总额＝各部门实际固定资产需求之和

＝增量资本产出率×实际生产增量＋

资本存量折旧率×资本存量

ICOR＝资本存量÷实际生产增量＝（实际固定资产投资需求−资本存量

折旧×资本存量）÷实际生产增量

3. 宏观推算

2003 年西部地区的全社会固定资产投资总额为 10844 亿元，占中国整体的 19.9%。按照上面的方法，计算固定资产投资口径下的投资需求额。首先，根据西部地区全社会固定资产投资总额推算出实际资本存量与实际GDP 的增加额，进而计算出 ICOR（见表 7-6）。

表 7-6　推算出的 ICOR

地区　　　　年份	2001	2002	2003
西北地区	3. 34	3. 15	3. 37
第一产业	3. 54	2. 72	2. 59

续表

年份 地区	2001	2002	2003
第二产业	1.80	1.58	1.80
其他基础设施	2.21	2.06	2.03
西南地区	3.13	2.58	3.21
第一产业	1.58	0.85	0.79
第二产业	1.95	1.50	1.69
其他基础设施	2.16	1.75	2.21
全国合计	2.51	2.16	2.61
第一产业	1.59	1.43	1.90
第二产业	1.66	1.36	1.97
其他基础设施	1.57	1.32	1.56

资料来源：笔者整理。

其次，在推算投资需求中，若依据基本情景规划中2001—2005年西部地区实际GDP平均增长率计算，2015年实际资本存量将达到2001年的4倍左右。为实现这种资本存量的增加，2008—2015年投资需求额约为21万亿元。

最后，按照同样的方法推算全国水平，其投资需求约为109万亿元。据此，西部地区投资约占全国的19%。这个水平基本上保持了2000年后西部投资政策的连续性。同样的方式可测算出广西在2004—2011年中的资金缺口约为2.57万亿元。

第二节　降低西部资金缺口的具体措施

在今后相当长的一段时间内，中央政府和地方政府用于西部地区建设的资金规模会不断扩大，但正如在第五章中所讲的，政府在西部开发过程中所起的作用只能是在一定程度和范围内引导社会资金。要从根本上解决西部资本生成困难、遏制西部资金外流，以及更好地吸引国外、东部商业性资金加速进入的问题，还必须建立在金融创新基础之上。具体来看，针对广西特有的自然资源优势和区位优势，可以在投融资方式上有所创新，借鉴国外和我国东部地区建设中的一些成功经验，加大对广西开发建设的投融资力度，从而解决广西资金短缺的"瓶颈"问题。具体途径包括以下几个方面：

一、鼓励东部银行西进设立分支机构

正像第五章中所讲的，政府在西部大开发过程中应当勇于承担起更多的社会责任。作为政府政策支持的重要组成部分，国有商业银行、政策性银行，乃至地区商业银行同样应发挥应有的作用。作为我国金融体系最主要的组成部分，各类银行实际上保障了资金在区域间的流动与供给。面对西部地区资金严重短缺的现状，政府应当鼓励各类银行在西部省份设立分支机构，倡导东部发达地区的商业银行西进。尽管短期内投资西部地区产生的资金回报可能步入东部地区，但从长远看，西部地区广阔的发展前景必然会为各类金融机构带来巨大且持久的盈利空间，因此政府在前期发挥先导作用的同时应当给予东部发达地区的商业银行一定的政策优惠和可选择空间，使行政与市场手段相结合，最大限度地缓解西部地区资金供求紧张的矛盾。

二、鼓励东部银行在西部设立法人制金融机构

在完全的市场条件下，由于资金的逐利性，导致西部地区银行分支机构吸纳的资金向东部转移，产生所谓"抽血"现象，进一步加剧了东西部资金供给的不平衡。为从根本上解决这一问题，应当鼓励东部银行在西部设立法人制金融机构。

从各国银行法的实践来看，注册法人银行并非中国监管部门的独创，而是世界各国普遍实行的准则。不论是美国、加拿大和欧盟等发达国家和地区，还是许多发展中国家和地区，均实行了注册法人银行导向。对于资本短缺、技术落后、经验缺乏的西部地区来说，注册法人银行导向主要体

现在鼓励当地金融发展的政策上。设立以法人银行为代表的法人制金融机构，有助于发展西部地区充分利用本地资本，同时学习东部地区银行的先进经营技术和管理经验，培训本地金融人才。

因此，大多数发展中国家和地区对法人制金融机构持鼓励和扶持的态度，在市场准入上条件较为宽松。有些发展中国家和地区甚至规定外国银行欲进入本国市场必须采取与本地银行合资的形式，而不允许设立分行和全资子银行。

三、设立产业投资基金

应当由政府牵头，在西部主要省份和地区设立产业投资基金，并设置专门部门进行管理。1968 年投资基金诞生于英国，具有专家理财、分散风险和规模经济的特点。产业投资基金是一种主要对未上市企业直接提供资金支持，并从事资本经营和监督的集合投资体。它通过发行基金份额组建产业基金公司，由基金公司委托商业银行保管基金资产，委托专门的管理公司管理和运用基金资产，投资风险由投资者共担，收益按出资额分享。产业投资基金的目的在于促进产业的成长与发展。

产业投资基金具有很多优势。首先，它只注重稳定的投资回报，不以要求分享市场份额为目的，不易形成对同一行业的冲击和垄断；其次，产业投资基金一般投向某一具体行业，它可以把多家企业，甚至一组基础性设施项目作为投资对象，统一筹资，筹资成本相对较低；最后，与其他社会资本强烈的变现要求相比，产业投资基金具有较强的稳定性。

长期以来，我国西部产业结构严重失衡，基础产业处于"瓶颈"状态。西部应通过发展产业投资基金，特别是能源投资基金、通信投资基金、道路和民用航空投资基金，作为对财政转移支付的有力补充，将居民的闲置资金汇集起来，配合国家的西部大开发政策，改变我国西部基础设施的严重落后局面，带动相关产业的发展。西部大开发产业投资基金主要可用在以下方面：

第一，用于对西部地区的基础设施建设和重点产业发展的投资补贴。

投资补贴是国外区域政策中常用的政策工具。一般是按照对落后地区项目投资总额或固定资产总额的一定比例予以补贴，以降低企业在落后地区的投资成本。为引导东部地区企业和外商投资企业到西部地区投资，国家除给予税收减免等优惠政策外，还可以选择投资补贴的形式予以政策鼓励。投资环境越差，给予补贴的比例越高，具体可依据投资环境的评价指标划分等级。

第二，用于解决西部城镇就业和农村剩余劳动力出路的就业补贴。就业补贴也是国外解决地区失业差异经常采用的一种区域性政策工具，通常是根据企业在落后地区创造的就业机会，给予企业一定数额的补贴或奖励，以降低企业的工资成本，并鼓励企业多雇用劳动力。

四、组建西部产权交易中心

建议政府主管部门联合相关监管部门联合设立西部产权交易中心，统筹管辖西部省份相关产权交易。

目前我国大部分省市都有了产权交易市场，但在其快速发展的同时，存在以下缺陷：首先，我国产权交易市场定位较低，仅仅停留在调剂企业闲置设备方面；其次，各地市场各自为政，存在浓厚的地方主义色彩；最后，交易程序五花八门，服务质量不到位。事实上，产权交易市场的功能远不止于单一的设备调剂。通过产权交易市场实现企业的重组，调整资产存量，可以在西部形成规模经济和优势互补的格局，促进西部老工业基地的技术改造和结构升级。此外，完善产权交易市场便于中小企业通过市场筹集资金、发展壮大。

在组建西部产权交易中心时，应做好以下几个方面的工作：其一，确定产权交易市场的交易规则、运作方式和工作程序，建立完善的组织机构和监督机制。其二，在全国范围内进行一次整合，以此为基础，使西部产权交易中心摆脱地方行政干预。其三，以现代化的手段来装配产权交易市场，同时着力于培养既懂专业知识，又精通产权交易业务的人才。

五、成立西部非国有商业银行

由当地政府会同相关监管部门，成立一批非国有商业银行。

改革开放后，为促进地方经济发展，我国先后成立了招商银行、深圳发展银行、上海浦东发展银行、兴业银行等股份制银行。实践证明，通过地方性商业银行来扶持区域经济发展是切实可行的。西部开发不仅需要政府的投入和发达地区的支持，更需要自身新经济增长点的培育。非国有经济和中小企业作为我国经济中最具活力的因素，对西部开发同样有举足轻重的作用。因此，通过筹集国内私人资本和外国资本，组建西部非国有商业银行，既可以为西部开发出力，同时也是我国金融开放的新尝试。

六、成立专项管理部门，大力发展项目融资

建议西部地区政府牵头设立专项管理部门，着重发展项目融资，为西部产业发展提供资金。

项目融资作为国际上大型工程建设项目经常采用的融资方式，在实践中不乏成功的先例，我国的秦山核电站和大亚湾核电站就是采用这种融资方式兴建的。西部大开发大型工程也完全可借鉴国内外的成功经验，利用项目融资在担保、风险分散、资金来源等方面的优点，为西部地区开发建设筹集资金。项目融资的具体方式有资产证券化（Asset-Backed Securiti-za-tion，ABS）、BOT 融资（Build-Operate-Transfer）等。

1. 资产证券化

当前，西部投融资中利用 ABS 融资方式，应从以下几个方面的工作入手：①确定合适的原始权益人及其用于证券化的资产。②组建特设信托机构。特设信托机构必须满足一些严格的条件。我国可以通过两条途径来组建：一是直接聘请国际著名金融机构作为特设信托机构；二是与国际著名金融机构通过合资、合作的方式共同组建特设信托机构。③确定担保公司。中国没有像美国资本市场担保公司、亚洲证券化基本担保公司那样有

丰富国际资本市场操作经验的担保公司，因此应采取中国担保公司与国外担保公司合作担保的方式。④解决好外汇兑换问题。采用 ABS 方式所募集的资金表现为外币形式，但证券化资产产生的现金流基本上是以本币为主，因而特设信托机构需要将本币兑换成外币以清偿所发证券的本息。

2. BOT 融资

所谓 BOT，是指政府把通常由政府和国有单位承担的，为某一基础设施项目进行设计、融资、建设、经营和维护的责任转让给私营单位或者外资，私营单位或者外资在一定的特许期内对该项目具有所有权和经营权，并设法偿还所有项目贷款和回收资本，特许期满后，将实物资产所有权无偿转让给政府（下文另有详述）。

七、鼓励融资租赁

创新融资租赁模式把金融、贸易、生产三者紧密结合，使银行信用、商业信用联姻，充分挖掘融资租赁的特殊功能，最终形成一个由"承租人—银行—租赁公司—设备制造商"等相关方面组成的共享利益、共担风险的框架模式，从而为解决我国西部地区企业的技术、设备需求，摆脱融资困境提供了新的思路。

1. 融资租赁概况

融资租赁也称金融租赁，又叫资本性租赁，是以融通资金为目的的租赁形式。它是将传统的租赁、贸易与金融有机组合而形成的一种新的经营方式。按照《融资租赁业务管理暂行办法》的说明，融资租赁是由出租方融通资金，为承租方提供所需设备，具有融资和融物双重职能的租赁交易，它主要涉及出租方、承租方和供货方三方当事人，并由两个或两个以上的合同所构成。出租方订立租赁合同，将购买的设备租给承租方使用，租期不得低于 2 年。在租赁期间，由承租方按合同规定分期向出租方支付租金。租赁期满承租方按合同规定选择留购、续租或退回出租方。可以看出，对承租人而言，采用融资租赁方式，达到了通过融物而实现融资的目的。

传统的融资租赁方式往往只涉及三方当事人，其中出租人即租赁公司往往承担了整个租赁期间设备价款的全部风险，包括承租人因经营不善或市场变化不能支付当期租金的风险、利率风险、设备在租赁期间贬值的风险等。

创新的融资租赁模式，一方面要解决融资租赁公司资金来源问题，另一方面要解决其风险收益问题，同时还要考虑市场的开拓及可行性问题，引入银行的资金，形成四方当事人。主要的运作框架为：融资租赁公司协助承租人（机器使用人）找到合适的机器生产商（或其他销售商），然后，租赁公司以其自身信用和设备抵押以及设备出租收益权质押三重担保方式从银行获得设备价款70%左右的贷款，再要求承租人提供价款20%左右的现金，其他由融资租赁公司自筹或是从厂商获得相应信用。在租赁期间通过租金回收的方式逐步偿还贷款以及获得自身应得之利，其中将涉及信用销售合同、借贷合同、租赁合同等。另外，创新的模式可以以西部大开发为背景，瞄准西部巨大的技术设备需求，通过创新方式，变以前租赁公司独担风险为多家共担，将银行信用与商业信用嫁接，通过厂商参与租赁，使买断销售变成租赁销售，使"西部承租企业—西部银行—租赁公司—生产商"成为一个有机的体系，共同抵御风险，共同获利。

2. 创新融资租赁的意义

（1）有利于加快西部基础设施建设及产业结构调整的步伐。创新融资租赁将有力地推动租赁事业的发展，通过租赁资金支持，拓宽融资渠道，促进西部基础设施建设，更加迅捷地使西部地区企业获得高科技、高技术设备，进行产业的更新换代，从而从整体上改善西部地区产业结构。在实施中，要注意防止因利益驱动而盲目引进一些他国或外地淘汰的、落后的甚至于造成环境污染的设备与技术。

（2）有利于西部地区引进更多外资。创新融资租赁可以在不需动用或少量动用国家和企业资金的情况下，有效地引进外国先进技术设备。这包括两点：一是西部通过创新融资租赁方式可以不直接增加外债而获得外国先进技术设备；二是西部在直接对外融资困难的情况下可以以融物的方式达到融资的目的。这往往要求有外资银行的介入，也就是说首先要拓宽租赁公司融资的渠道。

（3）有利于金融体制改革。创新融资租赁的发展必将给租赁行业以及银行业带来巨大的发展机遇，它也是金融创新的产物。一方面，它将使银行在扩大业务的同时，相对降低其所承担的风险；另一方面，租赁业本身也会由于风险的分散而获得相对利润的增加，从而步入一个快速发展阶段。另外，租赁公司的创新运作增加了企业融资渠道，增加了共担风险的金融机构主体，分散了中长期信用风险，降低了整个金融体系的风险水平，从而为进一步的金融体制改革做好准备。

第三节　化解资金不足问题的战略选择

利用现有的金融市场和融资工具来解决西部大开发中的资金问题，存在着一定程度的障碍：西部大开发前期投资的重点领域是基础设施，需要大量中长期资金，投资风险大、收益率低，不符合商业银行信贷资金的发放方向；单纯利用财政资金不足以支撑西部建设；西部地区的大部分早期投资项目还难以完全按照现代企业制度来组建，单靠资本市场通过发行股票和债券来融资也难以完成。

西部地区资金效率的总体水平要想达到或超过全国平均水平，尽快改变西部金融经济运行的资金"贫血"现象，必须尽快建立健全金融业务的市场利益分割机制和政策性业务的利益补偿机制；采取财政资金、银行资金和证券市场融资相结合的方式来解决西部大开发中的资本问题，使不同性质的金融资本营运实现效率、合理、公平与有序的统一；创设并形成有利于西部大开发的投融资传导机制，引导多渠道资金流入西部地区，增加西部地区的资金供给，使西部金融存量中沉淀的金融资本得到有效启动，西部闲置资金和沉淀信贷资金得到有效激活。

一、财政资金—信贷资金—资本市场

以往的观点总把基础设施投资看成是单纯的公共产品投资，只能由财政来承担。在市场经济条件下，大部分基础设施投资项目在完成后，实际上都可以按照市场化方式来运作，获得相对稳定的投资收益。财政所要承担的只是早期的投资风险。在西部大开发中，在项目投资的早期阶段以财政资金做基础，财政承担主要投资风险，再吸引部分银行信贷资金加入。待项目建成能获得稳定收益后，投资风险基本已经释放得差不多了，再按照现代企业制度将项目改制上市。这样不仅政府能收回财政投资，银行信贷资金的安全也有了保障。

1. 国家财政对西部地区的直接投资

国家对西部地区的财政投资重点是投向重大基础设施和生态环境建设，尤其是西部地区公路和铁路网的建设，地区间和国际大通道的建设，重要的邮电、通信、机场和石油天然气管道建设，以及一些重大的城市基础设施建设等，都需要国家财政直接参与投资。西部地区具有优势的国防工业以及一些全国性的能源、原材料基地建设，仍需要国家财政给予支持。

首先，要适当减少直接投资的比重，逐步提高间接投资的比重。过去，国家财政在支持西部大开发的过程中，主要是采取直接投资的形式。尤其是在能源、原材料等基础产业的发展上，国家通过财政直接投资在西部建立了一大批国有大中型企业。这种直接投资的方式，虽然在一定程度上促进了西部地区的发展，但也带来了一系列的问题。如国家财政投资对民间资本的诱导作用较小；国有大中型企业自成体系，与地区经济联系较少；中央企业和地方企业严重脱节形成明显的二元经济结构；等等。为适应社会主义市场经济发展的需要，今后应按照"有所为、有所不为"的原则，逐步缩小国家财政直接投资的范围，增加间接投资的比重。

其次，采取合资、控股、参股等多种形式，广泛吸引外部资金入股，形成地区经济利益共同体。过去，国家在西部地区的财政投资，主要是采取中央投资、地方配套的"拼盘"办法。为充分发挥国家财政投资的诱导作用，今后应更多地采取合资、控股、参股等多种形式，建立产权多元化的股份制企业。根据各项目重要性的不同，国家可以采取绝对控股、一般控股、一般参股、少量参股等形式，吸引地方、企业、私人和外商等资金入股。

再次，政府要逐步从纯竞争性项目投融资中退出。此类投资项目是以盈利为目的的，完全可以置身于市场，开展平等竞争，其投资主体应主要是非国有经济部门。今后国有增量资本不再进入这些行业和企业。对已经形成的国有企业的存量资产，应该区别对待，加以分别管理；对国有大中型企业，由于非国有资本力量薄弱和拍卖、转让等许多技术问题尚未解决，现实的选择只能是实行股份制，引进竞争机制，建立多元化股权结构；对其中效益不好甚至连年亏损的小型企业，可以实行私有化方案，包括拍卖、转让、租赁、出售、兼并等，使退出的国有资本用于国家急需发展的产业。

最后，国家对西部地区的财政投资要讲求经济效益、突出重点。为提高国家财政投资的经济效益，今后国家财政投资对西部地区的支持，应把产业政策和区域政策有机地结合起来。在安排国家财政投资时，一定要讲求效益、突出重点，既要有产业支持的重点，又要突出地区重点，不能采取"撒胡椒面"的方式。国家财政要集中力量，重点支持一些条件较好的地区，尤其是中心城市地区。

2. 信贷资金支持

信贷融资是西部大开发的主要融资方式。要注意解决好三个方面的问题：一是避免把信贷资金作为"圈钱"的目标、赌博的筹码；二是避免银行短期资金过多进入长期领域，导致系统性风险；三是借鉴资本市场的方法，解决银行信用和风险链过长和信息不对称的问题。

金融机构贷款是最基本的筹资手段之一，较其他形式的筹资途径而言，它具有筹资成本低下、手续简便、到位及时等优点。在西部大开发中，金融机构贷款有助于解决西部大开发战略中的资金短缺问题，大力促进西部基础设施建设、生态环境改造及国有企业改革的进行。能够用于西部大开发的金融机构贷款分为两类：一是国外金融机构贷款，包括外国金融机构、国际区域性金融机构贷款和其他国际金融机构贷款。对这一部分贷款，国家应该重点安排在中西部地区。二是国内金融机构贷款，除了四大国有商业银行、各股份制商业银行及其他金融机构贷款之外，国家还可成立西部开发银行和其他针对西部开发的金融机构。通过这些金融机构在全国范围内吸收存款，为西部大开发提供强有力的资金支持。所有这些金融机构贷款的发放，必须进行规范化操作，按照市场经济规则来进行。在贷款发放之前，要进行系统而科学的可行性研究，确保投入项目的经济效益和贷款资金的安全回收。

（1）改革金融机构信贷考核办法。目前，银行信贷管理体制中有关金融机构的存贷比例、授信额度、贷款结构等考核指标，仍采取全国整齐划一的信贷管理办法。针对西部经济的现状和金融机构在西部大开发中所处的重要地位，应对西部地区金融机构在利润、存贷款比例、流动性比例、信贷资产不良率等指标核定上又别于东部地区。总的原则是适当放宽有关信贷指标的考核标准，充分调动金融机构在西部地区发放贷款的积极性，特别是支持和鼓励其加大对西部地区基础设施、优势产业、重点企业等的信贷投入力度。

（2）鼓励金融机构跨地区经营。根据《贷款通则》的规定，贷款人发放异地贷款须向中国人民银行当地分支机构备案。这种画地为牢的信贷资金管理体制，减弱了金融机构跨地区融资的活力。按照国际惯例，贷款银行只认借款法人，只认借款合同，不分异地本地开展贷款业务。应参照国际惯例，允许金融机构跨地区开展信贷经营活动，特别是要鼓励东部地区金融机构向西部地区提供贷款，这对促进西部大开发具有重要意义。

（3）创造良好的金融环境。西部地区金融机构在支持西部大开发过程中既要加大信贷投入力度，又要切实防范化解金融风险，这就要求在贷款方式上必须严格控制信用贷款，大力开展担保贷款。为此，需要国家在政策上给予支持，为西部地区金融机构开展担保贷款创造一个良好的外部环境。首先，必须加快抵押品变现市场的建设。要在西部地区建立公开的商品拍卖市场以及相应的大型交易信息网络系统，提高抵押品的变现速度，增强对金融机构贷款的担保能力。其次，扩大和完善基建项目贷款的收费权利质押制度。在西部大开发中，许多基础建设项目投资规模巨大，回收期限很长，很难为这类贷款找到合适的担保单位和担保方式，可以考虑出台相应的法律法规，推广和完善这些基建项目收费权利质押制度，有效地引导金融机构信贷资金投入西部基建项目。最后，成立西部地区中小企业担保公司。国家应采取扶持政策，考虑由中央政府和地方政府共同出资筹建西部地区中小企业担保公司，对众多的中小企业贷款风险进行社会统筹，保证西部地区中小企业能从金融机构及时便利地得到资金支持。

3. 培育资本市场，发展直接融资

在发展西部资本市场过程中，培育和发展区域性资本市场，从而形成多层次、开放性的金融市场是西部资本市场发展的必然取向。大力发展直接融资，一是积极支持西部企业上市融资。在符合上市条件下，优先考虑西部企业上市，进一步加大西部地区的资本市场筹资规模，提高西部上市公司数量在全国的比重。二是大力发展债券融资。针对西部开发的巨大资金需求，可以考虑发行市政建设债券进行筹资，政府在国债发行中可优先安排发行西部建设国债。

首先，建立一定层次的西部资本市场机构网络。世界上多数国家一般都有三个以上的证券交易所，其中一两个起主导作用，并与其他交易所一起构成该国资本市场机构网络。例如，美国以纽约证券交易所和美国证券交易所两个全国性的证券交易所为核心，以十余家地方性证券交易所为辅翼组合而成。参照国际经验，建议我国在将上海、深圳、北京作为第一层次的证券交易所继续发展的同时，在政策上允许在重庆、西安、成都等地建立第二层次的证券交易所，允许各省会城市建立证券交易中心，为我国经济发展战略西移，为塑造资金向西部地区的回流机制创造条件。

其次，促进西部地区企业上市。实施西部大开发战略，就必须给需要发展的西部地区和行业更多的上市指标，并扶持和培育一批增长潜力大、

带动力强的公司上市。对西部企业申请发行 A 股股票以及海外上市等应在审批条件上予以适当倾斜，在次序上优先安排，尤其要对高新技术企业、非公有制企业给予倾斜和优先。同时允许西部一些规范的、效益好的非上市公司的股票进行柜台交易，并建立规范的场外交易市场。

最后，积极引导证券市场，推动上市公司资本的流动和重组。西部地区的不少能源、机械、矿产等产业中的上市公司，都是由以前的国有企业改造而来的，股权结构中不可流通的国家股和法人股占有相当大的比重。要充分利用已上市公司的"壳资源"，在政策上支持公司通过整合、重组等手段，将非流通股尽快置换出来，引进优良资产和可流通的资本，建立起新的合理的公司治理结构，以此促进西部地区股份制改革的进程和证券市场的发展。此外，还要积极支持债券市场的发展。西部地区除了发展股份制经济之外，解决资金不足问题还要利用债券融资形式，扩大企业自身的融资功能。

二、投资基金—市场启动—民间资金

1. 设立西部创新投资基金

面对新世纪新的世界经济发展趋势和国内及本地区的现实情况，西部地区若想优化和提升产品、产业结构，实现经济的跨越式发展，还应着力发展西部地区具有优势的、高风险、高成长的高新技术企业。但是如果完全依赖市场力量的自发演进来发展西部地区高新技术企业，必将耗费很长的时间，这无疑不符合西部地区跨越式发展的迫切要求。因此，在积极推动西部地区高新技术企业风险投资体系的建立、发展和完善的过程中应当充分发挥政府的功能与作用。

在国外，创新投资基金的发展也有政府不同程度地介入，苏启林（2002）对创业投资中政府介入的模式进行了以下划分[①]：

---

① 苏启林. 政府介入创业投资模式的国际比较与经验借鉴［J］. 外国经济与管理，2002（11）.

（1）新加坡模式：由国家创立，并由政府机构运营管理。

（2）以色列模式：发展本国创业投资，由政府发起吸引私人与境外资本参与，最后政府全部退出。

（3）澳大利亚模式：与私人创业投资者合伙建立混合基金。

我国政府介入创业投资基金存在的问题主要在于政府并不是以引导者的身份而是以参与者的身份介入的。在创业投资基金成立的过程中，并没有将引导民间资金进入作为筹集基金的主要来源，而是大量依靠政府投入；在创业投资资金运作的过程中，又存在着大量政府干预行为，并没有以市场运作作为基础；而且，创业基金并没有建立起有效的政府资金退出机制，这就为基金的引导性职能和市场化运作设置了障碍。

根据我国的实际情况，在西部大开发的过程中，可以借鉴以色列模式或者澳大利亚模式来构建西部创新投资基金，其核心内容在于强调政府资金的引导作用。在创业投资基金的设立上，尽量采用政府资金和民间资金共同出资设立的方式；在资金的运作和管理上，应强调市场化操作，减少政府的直接干预；尤为重要的是在基金的发展中，政府应该有计划地逐步退出，实现政府职能由"输血"到"造血"功能的转变。

2. 市场启动

1999 年 6 月，国务院决定提供首期为 10 亿元的专项拨款和 20 亿元的政策性贷款，启动实施科技型中小企业技术创新基金。中小企业技术创新基金在激发企业创新潜能、加快原创技术成果转化、引导社会资金投入高新技术产业方面发挥了滚雪球般的放大效应，有力地推动了符合市场经济客观规律的高新技术产业化投资机制的建设。

根据中小企业和项目的不同特点，创新基金分别以贷款贴息、无偿资助、资本金投入等不同的方式给予支持。贷款贴息主要支持银行已予贷款或有意向贷款的项目；无偿资助主要支持科研人员携带科技成果创办企业，或是创新产品在研究、开发、中试阶段的必要补助；资本金作为股权投入，这种方式被视为"政府的风险投资"。

促进金融机构的信贷支持。贷款贴息是技术创新基金支持科技型中小企业获得贷款的一种重要方式。技术创新基金为企业联系担保机构，同时利用政府贴息的手段，鼓励民营科技企业通过担保获得银行贷款。政府拿出较高的贴息额，以此贴息额来消化担保机构的手续费和银行的浮动利率，既可以调动银行和担保机构的积极性，也可以使中小企业以较低的成本顺利获得贷款。

3. 民间资金跟进

经过"种子基金"的扶持，创业企业进入技术风险大幅降低的创建阶段和成长阶段，其高成长性将吸引在高风险中追求高回报的商业性风险投资的介入。由于政府技术创新基金支持的项目都要经过专家严格审核、层层把关，因而这些项目都是很有前景的好项目，对商业性风险资本很有吸引力。风险资金正是高新技术产业的推进器，它对于科技型中小企业的成长壮大尤为重要，不仅帮助企业解决融资困难，也帮助企业建立一套科学完善的管理制度。

在政府风险投资的示范作用和民间风险投资不断发展的基础上，政府可以逐步收缩投资的范围，从而使企业投资日益市场化，使越来越多的民间资金取代政府的投入成为推动我国西部地区高新技术产业化的主体力量。

三、政策性银行—BOT—资本市场

从国际经验来看，解决区域经济发展不平衡问题客观上需要政策性银行的扶持，政策性金融机构是实现财税与金融配合联动的有力工具。与商业性金融机构不同，政策性金融机构是根据政府的政策意图，遵循银行经营活动原理和方式，支持某些特殊产业的成长，加速经济结构调整，促进落后地区发展，以及实现其他政策目标。

在西部大开发民间投资渠道的建立中，可以通过"政策性银行先行投资→民间资本（大企业资本、国内民间资本、海外资本）跟进→民间资本成为主体→政策性银行资金逐渐减退"的政府主导型牵引机制，引导更多的资本进入西部地区。在具体的操作上，可以尝试由政策性银行对急需的基础设施项目直接进行股本投资，充实企业的资本金，承担主要的投资风险，待项目成熟能正常经营后，改制上市，再吸引商业资金注入。具体可以采用国际上已经成熟的一些方式进行，如 BOT、TOT 等。

1. 政策性银行

从国际经验来看，解决区域经济发展不平衡问题客观上需要政策性银行的扶持。在财政的支持下，政策性银行通过运用部分财政资金和其他政策手段，获得大量长期可靠的低成本资金，然后再通过贷款、投资和担保等方式，为符合政策要求的建设项目提供长期优惠的资金支持，以较少的资金带动和引导大量社会资金，完成单靠财政本身难以完成的社会经济目标。

世界各国的政策性银行在区域开发中都发挥了重要的作用。日本开发银行在政府财政投融资体系的支持下，用于区域开发的贷款占其贷款总额的 15% 左右；德国统一之后，德国复兴信贷银行用于原东德地区开发的贷款占其国内贷款总额的 50% 以上；法国农业信贷银行的主要职能也是向落后的农牧区提供开发贷款。中国的国家开发银行自 1994 年成立以来，一直把中西部地区作为重要的贷款投放区域，每年投入的资金占贷款总额的 60% 左右，有力地支持了铁路、公路、民航、电力、石油、水利及煤炭等行业的发展。国家开发银行还与西部地方政府密切合作，签订多项金融合作协议。目前国家开发银行在西南和西北地区设立了 6 家分行、3 个资产管理部，并拥有一批经验丰富的专业人员，为该地区提供信贷、咨询等方面的金融服务。

2. BOT 融资模式

在西部大开发的过程中，一方面需要政府给予积极的资金支持，另一方面也需要政府扮演好一个引导者的角色。西部大开发不能单纯依靠政府资金的投入，要实现西部经济的腾飞，更多地需要依靠民间资金的注入。在民间资金渠道的建立上，政府应该起到积极的引导作用。

BOT 筹资方式是近年来国际上创新的一种独特的筹资方式。所谓BOT，是建造（Build）—营运（Operate）—转让（Transfer）的缩写，指政府通过契约方式将通常由国有单位或政府部门承担的重大项目设计、施工、融资、经营和维修的责任转让给私营或外国企业，在项目建成后的一定期限内私营或外国企业对项目拥有所有权并承担项目的债务，享受项目盈利，在特许期过后，将项目转交给政府管理。

这种融资方式的主要特点是借助私人投资建设原来要由政府开发的基础设施。其基本做法是：政府就某一投资项目为投资者提供了一个长期特许权，使投资人具有建造、经营的权利。政府与私人投资者签订了一项投资协议，委托其按照政府的设计要求，出资建设并在规定的时期内独立经营某项基础设施，如公路、电站等。作为回报，私人经营者获得经营利润，待经营期满之后，投资者将该项目无偿交还给当地政府。在 BOT 期间，政府对项目没有直接的控制权，也无法获得任何经营利润，只能通过项目的建设和运行获得间接的经济效益和社会效益。从根本上来讲，BOT 融资模式是以有限追索（或无追索）的项目融资结构为基础，以项目所在国政府提供的特许权协议作为项目建设开发和安排融资的依据，以项目自身的资金收入作为还款来源。BOT 这种融资模式不需要政府直接投入资金，实际上是一种债权和股权相混合的产物，这种方式为私营机构参与基础设施和公共工程的开发建设提供了方便。

对于政府来说，采用 BOT 方式筹资的主要优点是：可以利用私人资金发展国家重点建设项目，使项目的主管机构节省资金，发展有利于经济发展的基础设施建设，并将大部分建造、经营及财务风险转移给获得特许经营权的投资者；同时，可以引进国外的先进生产与管理技术；可以通过引进竞争来提高国营企业的效率。

根据世界银行《1994 年世界发展报告》，通常所说的 BOT 方式还包括以下两种具体的建设方式：①BOOT（Build-Own-Operate-Transfer），即"建设—拥有—经营—转让"；②BOO（Build-Own-Operate），即"建设—拥有—经营"。

在西部大开发中运用 BOT 融资方式具有以下积极意义：第一，有利于进一步吸引外资。由于 BOT 的投资方向主要是西部急需改善的能源、交通、通信等基础设施项目，基础设施的完善不仅能够促进西部经济的发展，而且能为西部进一步引进外资创造良好的环境。第二，有利于相关产业的发展和增加就业。BOT方式的应用，会带动相关原材料工业的发展，必然会带动与原材料工业有关的外围产业的发展；同时，BOT方式的应用必然会直接提供大量的就业机会。由于工人能够接触与项目建设有关的先进设备和技术，因此自然会提高工人的整体素质。第三，有利于提高项目的建设效率和引进先进技术。由于国际商业资本和私人资本参与项目的建设和管理，必然会使他们努力提高项目的经营管理水平和技术水平，以提高工作效率，获取丰厚的利润，从而为我国吸收、利用、消化和提高这些技术打下良好的基础。第四，有利于引导和促进民营资本的发展。目前在我国许多地区，民营企业多而散，中小规模企业占了多数。在激烈的市场竞争中，中小规模的企业不能有效地抵御市场风险，因此发展规模经济势在必行。特别是进入西部基础设施产业，靠单个民营企业的资本积累往往是不可能的。在西部一些基础设施建设的项目中，各级政府应当鼓励并积极支持民营企业走向联合，组建企业集团或股份公司，然后通过BOT模式参与西部大开发的建设。这样政府既可以帮助民营企业克服盲目投资的缺陷，为民营企业拓展市场、发展壮大创造条件，又引导了民营企业的发展方向，有力地促进了西部地区民营经济的发展。第五，有利于激活资本市场在西部大开发中的作用。[1] 我国资本市场规模较小，金融产品数量不多，尚处于起步阶段。在西部大开发中除了政府政策支持以外，充分发挥资本市场作用，创造新的融资工具，聚集各种有效资源以支持各项开发项目非常重要。BOT融资方式的运用，可以真正做到充分发挥资本的作用，提高资金使用效率。

作为一种新的融资手段，BOT模式要在西部大开发中发挥重要作用，还需要相关的政策配合。首先，应该加快BOT应用过程中相关法律制度的建设。其次，加强BOT运作相关人才的培养。这些人员必须掌握丰富

---

① 张欣曼 . BOT融资方式在西部大开发中的作用 [J] . 天津师范大学学报，2000（6）.

的法律、金融知识，熟悉 BOT 的运行规则和办法，具备合同谈判、项目实施、生产运营管理、风险管理、财务管理、资产检测等多方面的能力。最后，政府要做好相关的服务性工作。对项目公司来讲能否获得政府相应的保证是其项目投资能否成功的重要决定因素。

参考文献

中文部分

[1] 爱德华·肖．经济发展中的金融深化 [M]．上海：上海三联书店，1988.

[2] 艾洪德，徐明圣，郭凯．我国区域金融发展与区域经济增长的实证分析 [J]．财经问题研究，2004（7）．

[3] 白钦先，丁志杰．推进金融的可持续发展问题 [N]．经济日报，1998-09-21.

[4] 博迪，莫顿．金融学 [M]．北京：中国人民大学出版社，2000.

[5] 曹啸，吴军．我国金融发展与经济增长关系的格兰杰检验和特征 [J]．财贸经济，2002（5）．

[6] 陈晓荣．长三角金融互动的实现形式 [J]．集团经济研究，2006（2S）．

[7] 丁文丽．统一货币政策须关注区域金融非均衡发展 [J]．金融理论与实践，2006（5）．

[8] 窦尔翔．西部开发中的金融协调战略研究 [D]．西安：西北大学，2004.

[9] 范祚军，洪菲．统一货币政策框架下区域性金融调控机制构想 [J]．经济科学，2005（1）．

［10］范祚军，洪菲．建立金融机构协调机制的对策研究［J］．上海金融，2005（1）．

［11］冯占民．湖北省金融与经济协调发展研究［D］．武汉：华中师范大学，2006.

［12］高洪深．区域经济学［M］．北京：中国人民大学出版社，2002.

［13］郭海宁．货币政策区域差异性探析［J］．南方金融，2005（11）．

［14］郭纹廷，王文峰．金融发展失衡的区域性分析［J］．财经科学，2005（2）．

［15］国家发改委国土地区所区域经济室．我国区域四大板块经济发展"十五"总结及"十一五"展望［N］．中国经济时报，2006-08-03.

［16］韩廷春．金融发展与经济增长：基于中国的实证分析［J］．经济科学，2001（3）．

［17］河北省金融学会课题组．金融与经济协调性研究［J］．金融研究，2005（8）．

［18］胡亮．金融深化与区域经济发展［D］．吉林：吉林大学，2006.

［19］吉洪．搭建泛珠三角区域商业银行合作发展平台［J］．南方金融，2006（7）．

［20］金学群．金融发展理论：一个文献综述［J］．国外社会科学，2004（1）．

［21］江世银．论区域金融调控［J］．中央财经大学学报，2003（9）．

［22］孔祥毅．百年金融制度变迁与金融协调［M］．北京：中国社会科学出版社，2002.

［23］蓝小林，周玉琴．泛珠三角区域金融合作探讨［J］．特区经济，2006（6）．

［24］雷蒙德·W.戈德史密斯．金融结构与金融发展［M］．周勃等译．上海：上海三联书店，上海人民出版社，1969.

［25］李广众，陈平．金融中介发展与经济增长：多变量 VAR 系统研究［J］．管理世界，2002（3）.

［26］李广众，王美今．金融中介发展与经济增长：中国案例研究与国际比较［J］．统计研究，2003（1）.

［27］李广众．银行、股票市场与长期经济增长：中国的经验研究与国际比较［J］．世界经济，2002（9）.

［28］李海海．中国货币政策区域效应研究——非对称的机制与治理［D］．上海：华东师范大学，2006.

［29］李红松，田益祥．资本积累影响我国区域经济增长差异的实证分析［J］．经济时空，2004，6（1）.

［30］李靖宇，于艳．东北区域金融业协调发展的现实论证［J］．财经问题研究，2005（7）.

［31］罗斯托．从起飞进入持续增长的经济［M］．贺立平译．成都：四川人民出版社，2000.

［32］李敏．区域经济发展中的金融支持研究［D］．武汉：武汉理工大学，2006.

［33］娄荣民，王维强．关于建立金融监管协调合作机制的若干问题［J］．上海金融，2004（9）.

［34］卢春燕．混业经营趋势下的金融监管协调机制——基于国际经验的比较与借鉴［J］．特区经济，2006（2）.

［35］刘创刚．省际金融发展与经济增长研究——基于陕西和江苏的比较［D］．陕西：陕西师范大学，2006.

［36］刘俊峰，周琼．浅谈金融政策对区域经济发展的影响［J］．煤炭经济研究，2006（5）.

［37］刘锡良，等．中国经济转轨时期金融安全问题研究［M］．北京：中国金融出版社，2004.

［38］麦金农．经济发展中的货币与资本［M］．上海：上海三联书店，1998.

［39］麦勇．金融自由化进程中的区域金融比较研究［D］．西安：西北大学，2004.

［40］孟建华．货币政策执行与银行监管协调的研究［J］．上海金融，2004（12）.

［41］庞晓波，赵玉龙．我国金融发展与经济增长的弱相关性及其启示［J］．数量经济技术经济研究，2003（9）.

［42］秦国楼．我国中央银行与金融监管协调问题研究［J］．武汉金融，2005（9）.

［43］任品一．长三角地区金融治理状况及其整合机制研究［J］．现代经济探讨，2006（2）.

［44］荣先恒．金融资产结构与经济增长的协调机理研究［D］．浙江：浙江大学，2005.

［45］谭小芬，李羽中．中国地区经济差距成因问题的研究综述［J］．经济学动态，2004（2）.

［46］谈儒勇．中国的金融发展与经济增长的实证研究［J］．经济研究，1999（10）.

［47］汤小青．区域性经济发展、金融深化与监管优化：论科学的金融发展观［J］．金融研究，2004（4）.

［48］腾春强．我国区域金融生态失衡的制度经济学分析［J］．河南金融管理干部学院学报，2006（4）.

［49］腾春强．金融企业集群：一种新的集聚现象的兴起［J］．上海金融，2006（5）.

［50］田霖．金融地理学视角下的区域金融成长差异研究［D］．浙江：浙江大学，2005.

［51］王爱俭．建立金融稳定协调机制的理论框架［J］．财经科学，2005（1）.

［52］王承萍．和谐金融生态体系的构建及区域金融生态的改善［D］．南京：南京理工大学，2005．

［53］王景武．金融发展与经济增长：基于中国区域金融发展的实证分析［J］．财贸经济，2005（10）．

［54］王伟．中国政策性金融与商业性金融协调发展研究［M］．北京：中国金融出版社，2006．

［55］王小鲁，樊纲．中国地区差距的变动趋势和影响因素［J］．经济研究，2004（1）．

［56］王正华．东北地区区域金融成长研究［D］．长春：东北师范大学，2006．

［57］王志强，孙刚．中国金融发展规模、结构、效率与经济增长关系的经验分析［J］．管理世界，2003（7）．

［58］王喜梅，乔培峰．我国金融控股公司监管的协调问题［J］．金融与经济，2005（10）．

［59］吴翔江．中国金融结构研究与区域差异分析——基于存贷结构和银行集中度的实证分析［D］．浙江：浙江大学，2005．

［60］席增雷．区域金融深化与经济增长——基于河北的实证分析［D］．河北：河北大学，2006．

［61］杨大鹏．金融体系协调发展研究［D］．大连：东北财经大学，2004．

［62］杨慧芳．经济与金融协调发展分析：基于2005年广东的实证［J］．南方金融，2006（1）．

［63］杨生平，王兴华，武守九．构建基层金融监管协调机制的途径［J］．武汉金融，2004（8）．

［64］杨勇．银行监管与央行维护金融稳定的协调［J］．中国金融，2004（22）．

［65］殷孟波，贺向明．区域资金渠道优化：理论与实证［J］．财经科学，2006（6）．

［66］袁金芳．我国金融中介发展与经济增长的关系研究［D］．天津：天津财经大学，2006.

［67］张建政，王爽爽．"高增长"下的"低发展"——东北区域金融发展特征的数据分析［J］．当代经济研究，2006（3）．

［68］张璐．中国区域间资本的流动性和流动效率实证分析（1979-2004）［D］．北京：对外经济贸易大学，2006.

［69］张企元．区域差距与区域金融调控［J］．金融研究，2006（3）．

［70］张润林．金融监管协调的国际经验及启示［J］．经济师，2005（7）．

［71］张扬．区域金融发展与区域经济增长关系的实证研究［D］．南京：南京理工大学，2006.

［72］赵劲松．试论建设有中国特色的金融监管协调机制［J］．上海金融，2005（5）．

［73］赵劲松．对建立新型金融监管协调机制的思考［J］．金融理论与实践，2005（6）．

［74］赵伟，马瑞永．中国区域金融增长的差异——基于泰尔指数的测度［J］．经济地理，2006（1）．

［75］赵雪芳，田鸣．加强区域合作，共谋协调发展——"环渤海区域金融合作发展研讨会"综述［J］．中国金融，2006（1）．

［76］张启春．中国区域差距与政府调控［M］．北京：商务印书馆出版，2006.

［77］曾康霖．要注重研究区域金融［J］．财经科学，1995（4）．

［78］曾康霖．金融经济学［M］．成都：西南财经大学出版社，2002.

［79］郑长德．区域金融学刍议（第26卷）［J］．西南民族大学学报（人文社科版），2005.

［80］植凤寅．推动区域金融资本的流动与融合——"第三届泛珠三

角区域合作与发展金融论坛"综述［J］.中国金融，2006（16）.

［81］中国人民银行上海分行课题组."长三角"金融合作研究［J］.上海金融，2005（3）.

［82］周立.中国各地区金融发展与经济增长［M］.北京：清华大学出版社，2004.

［83］周肇光，许文新.建立东西部地区金融合作新机制［J］.河南金融管理干部学院学报，2004（1）.

［84］钟伟，王浣尘.金融体系协调发展的模型与评价［J］.上海交通大学学报，2005（10）.

英文部分

［1］Aoki Masahiko, Patrick, Hung, ed. The Japanese Main Bank System［M］. Oxford University Press, 1994.

［2］Beck T. , R. Levin. Industury Growth and Capital Allocation：Does Having a Market or Bank-Based System Matter?［J］. Journal of Financial Economics, 2001（64）：147-180.

［3］Bencivenga, Valerie R. , Bruce D. Smith. Financial Intermediation and Endogenous Growth［J］. Review of Economic Studies, 1991（2）：195-209.

［4］Boot A. W. , A. V. Thakor. Financial System Architecture［J］. The Review of Financial Studies, 1997（10）：693-773.

［5］Douglas A. Regional Long Waves, Uneven Growth and Cooperative Alternative［M］. New York：1987.

［6］Ennis, Huberto M. On the Size Distribution of Banks, Economic Quarterly［M］. Federal Reserve Bank of Richmond, 2001.

［7］Felix Rioja, Neven Valev. Finance and the Sources of Growth at Various Stages of Economic Development［J］. Economic Inquiry, 2004, 42（1）：127-140.

［8］Fry M. J. Money, Interest and Banking in Economic Development ［M］. Baltimore: The Johns Hopkins University Press, 1988.

［9］Friedman J. Regional Development Policy: A Case Study of Venezuela ［M］. Cambridge: MIT. Press, 1996.

［10］Hu An－gang, Zhou Li. Change of Regional Financial Development Disparity in China（1978-1999）［J］. China & World Economy, 2002.

［11］Jung W. S., Financial Development and Economic Growth: International Evidence ［J］. Economic Development and Cultural Change, 1986（34）: 333-346.

［12］Levine, Rose. Financial Development and Economic Growth: Views and Agenda ［J］. Journal of Economic Literature, 1997（6）: 688-726.

［13］Orley M. Amos and John R. Wingender, A Model of the Interaction Between Regional Financial Markets and Regional Growth ［J］. Science and Urban Economics, 1993.

［14］Peterl. Rousseau, Paul W., Financial Intermediation and Economic Performance: Historical Evidence from Five Industrialized Countries ［J］. Journal of Money Credit and Banking, 1998, 130（4）: 657-677.

［15］Petersen M. A., R. G. Rajan. The Effect of Credit Market Competition on Lending Relationship ［J］. Quarterly Journal of Economics, 1995（CX）: 407-443.

［16］Ross Levine, Sara Zervos. Stock Markets, Banks, and Economic Growth ［J］. The American Economic Review, 1998, 88（3）: 537-544.

［17］Shaw, Edward, Financial Deeping in Economic Development ［M］. Oxford: Oxford University Press, 1969.

［18］Weinstein, David E., yafeh Yishay. On the Costs of a Bank－Centered Financial System: Evidence from the Changing Main Bank Relations in Japan ［J］. The Journal of Finance, 1998, 53（2）: 635-672.